Aufgewachsen in der
DDR

Lutz Löscher

Wir
vom Jahrgang
1960
Kindheit und Jugend

Impressum

Bildnachweis:

Titel: Lutz Löscher; Barbara Friederici: hinten

Erika und Arndt Löscher, Leipzig: S. 4, 5, 6 u, 7 o, 10, 18, 19, 27, 46, 61 (2); picture alliance/presse-foto ULMER/Michael Kienzler: S. 6 o; ullstein bild. S. 45 o, 54, 59; ullstein bild-Curth: S. 8 o; ullstein bild-ADN-Bildarchiv: S. 8 u, Christa und Eberhardt Koch, Leipzig: S. 9, 20, 47; ullstein bild-Uhlenhut: S. 11; Martina Güldemann, Leipzig: S. 12; ullstein bild-Klaus Winkler: S. 13, 42, 45 u; Eberhardt Koch, Leipzig: S. 14, 27; ullstein bild-Lehnartz: S. 15; Ullstein bild-Teutopress: S. 16; Thomas Buchmann, Taucha: S. 21, 31; Barbara Friederici: S. 17, 26 o, 30; Lutz Löscher, Schkeuditz: S. 7 u, 22, 24, 26 u, 28, 38, 39, 44, 55, 57, 61, 62; Uwe Horn, Leipzig: S. 27; ullstein bild-KPA: S. 25; Arndt Löscher, Leip-zig: S. 29, 35, 36 (2); ullstein bild-Henry Hermann: S. 32; ullstein bild-Drescher: S. 37 u re; Pabel-Moewig Verlag: S. 33; ullstein bild-Pressefoto Kindermann: S. 34; ullstein bild-pwe Verlag: S. 37 u li; ullstein bild-Granger, NYC: S. 37 o; André Klahn, Althen: S. 40; Erika Löscher: S. 41 o; ullstein bild-DHM/Schwarzer. S. 41 u; ullstein bild-C.T Fotostudio: S. 43; Heiko Löscher, Lindenthal: S. 49, 50; Dr. Andreas Kompisch, Ulm: S. 51, 63; ullstein bild-TopFoto: S. 52; ullstein bild-Langrock: S. 58

Wir danken allen Lizenzträgern für die freundliche Abdruckgenehmigung.
In Fällen, in denen es nicht gelang, Rechtsinhaber an Abbildungen zu ermitteln,
bleiben Honoraransprüche gewahrt.

9. Auflage 2025
Alle Rechte vorbehalten, auch die des auszugsweisen
Nachdrucks und der fotomechanischen Wiedergabe.
Gestaltung und Satz: r2 | Ravenstein, Verden
Druck: Druck- und Verlagshaus Thiele & Schwarz GmbH, Kassel
Buchbinderische Verarbeitung: Buchbinderei S. R. Büge, Celle
© Wartberg-Verlag GmbH
34281 Gudensberg-Gleichen • Im Wiesental 1
Telefon: 056 03/9 30 50 • www.wartberg-verlag.de
ISBN: 078 3 8313 3160 4

Liebe 60er!

„Kinder, wie schnell die Zeit vergeht …" Mit diesem, von Großeltern und Eltern vielfach gehörten Spruch konnten wir vom Jahrgang 1960 lange Zeit nichts anfangen. Aber jetzt, jenseits der Fünfzig, ist uns dieser melancholische Blick auf das Leben nicht mehr fremd.

Viele Orte und Abenteuerstätten unserer Kindheit und Jugend gibt es so nicht mehr. In der Zeit der DDR mussten ganze Dörfer samt ihren Bewohnern gewaltigen Braunkohletagebauen weichen. Alte Stadtviertel wurden abgerissen, riesige Neubaugebiete entstanden. Und nach dem Fall der Mauer 1989, die wir vom Jahrgang 1960 im besten Alter miterleben konnten, hat sich zwischen Erzgebirge und Ostsee sehr viel verändert. Ruinen verschwanden, neue Geschäfte und Gaststätten entstanden, die Schönheit der Städte kam wieder zum Vorschein. Auf den Wiesen und Feldern am Stadtrand, wo wir als Kinder noch gespielt haben, stehen heute Einkaufsparks und Baumärkte.

Wir wurden als Winzlinge mit Elasan gesalbt und mit Babysan versorgt. Unsere ersten Helden waren Bummi und Meister Nadelöhr, abgelöst von den Digedags und dem „Ober-Indianer" Gojko Mitic. Nach der Jugendweihe waren Jeans ein Muss für uns, am besten Levi's. Die Rockmusik packte uns spätestens mit 16 Jahren. Deep Purple, Jethro Tull, Pink Floyd und Led Zeppelin waren für uns das Maß aller Dinge. 1960 – das ist unsere Generation, die ihren Alltag in der DDR lebte, aber stets mit einem Auge in den Westen schaute. Nicht, dass es den meisten von uns besonders schlecht ging, Vieles in unserem behüteten Kinder- und Jugendleben war sogar ausgesprochen schön. Aber je älter wir wurden, desto stärker erlebten wir die Widersprüche in unserem Staat. So treffen auch in diesem Buch die Wünsche und Sehnsüchte auf das Leben, messen sich Ideale mit der Wirklichkeit.

Lutz Löscher

Piksen und Klappern

Erster fahrbarer Untersatz
– Kinderwagen aus Zeitz.

Mädchen oder Junge?

Wir neuen Erdenbürger im Jahr 1960
waren eine Überraschung für unsere
Eltern. Die spannende Frage, ob wir
nun in Rosa als Mädchen oder in
Hellblau als Kerlchen unseren ersten
Strampler bekamen, blieb bis zur
Geburt offen. Ultraschall und damit die
Bestimmung des Geschlechts schon
Monate zuvor gab es damals im Alltag noch nicht. Auch zwei Namen, einen für
den weiblichen und einen für den männlichen Nachwuchs, hatten unsere Eltern
vorsorglich parat. Auf den Geburtsurkunden 1960 fanden sich häufig Namen

Chronik

21. März 1960
Die propagandistische Sendung „Der Schwarze Kanal" von und mit Karl-Eduard von Schnitzler wird erstmals im DDR-Fernsehen ausgestrahlt. Kurz vor dem Fall der Mauer 1989 und genau nach 1519 Ausgaben war Sendeschluss.

Frühjahr 1960
Die zwangsweise Kollektivierung der Landwirtschaft in der DDR wurde für beendet erklärt. Die über 19 000 LPG gehörten fortan zum Leben auf dem Lande.

7. September 1960
Der erste und auch letzte Präsident der DDR, Wilhelm Pieck, stirbt. Das Amt wird durch den Staatsrat der DDR ersetzt.

12. April 1961
Juri Gagarin startet als erster Mensch ins Weltall und umrundet in dem sowjetischen Raumschiff „Wostok 1" die Erde.

17.-19. April 1961
Der amerikanische Angriff auf Kuba in der Schweinebucht scheitert. 1962 ist die Insel wieder Schauplatz einer internationalen Krise. Die Sowjetunion hatte Angriffsraketen auf Kuba stationiert, die USA befürchten eine Ausweitung des Sozialismus auf Lateinamerika. Ein atomarer Schlagabtausch kann in letzter Minute verhindert werden.

1. Juni 1961
Unter dem Namen Anovlar kommt in der Bundesrepublik die erste Antibabypille auf den Markt. In der DDR gibt es vier Jahre später ebenfalls die Pille. Sie heißt Ovosiston.

31. Oktober 1961
Entstalinisierung in der Sowjetunion. Der Leichnam Josef Stalins wird in Moskau aus dem Lenin-Mausoleum entfernt und an der Kremlmauer beigesetzt.

24. Januar 1962
In der DDR wird durch Beschluss der Volkskammer die allgemeine Wehrpflicht eingeführt.

9. August 1962
Im schweizerischen Montagnola stirbt der Literaturnobelpreisträger Hermann Hesse.

Vier Generationen vereint.

wie Heike, Susanne und Gabriele oder Klaus, Frank und Uwe.

In der DDR wurde im Krankenhaus entbunden. Neun von zehn Kindern kamen 1960 in einem Kreißsaal auf die Welt, nachdem sich unsere Mütter vor der Geburt in den zahlreichen Schwangerenberatungsstellen auf den entscheidenden Tag vorbereitet hatten. Wann genau wir auf die Welt kamen, das war die zweite Überraschung für alle.

Unsere Väter sahen wir in der Regel erst ein paar Stunden nach unserem Ankommen. Getrennt durch eine Glasscheibe in der Klinik strahlten sie uns etwas unsicher, aber froh und erleichtert an. Männer, die von der ersten Wehe bis zu der Geburt ihren Frauen Hände haltend zur Seite standen – 1960 war das nahezu undenkbar.

1. bis 3. Lebensjahr

Prominente 1960er

3. Feb. **Joachim (Jogi) Löw**, Trainer der deutschen Fußballnational-mannschaft und Weltmeister 2014.

24. März **Nena** alias Gabriele Susanne Kerner, deutsche Popsängerin.

13. April **Olaf Ludwig**, deutscher Radsportler, geboren in Gera.

18. April **Neo Rauch**, aus Leipzig stammender Maler.

10. Mai **Bono** (Paul David Hewson), Sänger der Rockband U2

9. Sept. **Hugh Grant**, britischer Schauspieler

13. Sep. **Norbert Leisegang**, geboren in Belzig/Brandenburg, Front-mann der Gruppe „Keimzeit".

Joachim Löw

24. Okt. **Christoph Schlingensief**, Regisseur und Aktionskünstler, er starb am 21. August 2010

30. Okt. **Diego Armando Maradona**, Weltfußballer aus Argentinien.

Brei in allen Sorten

Unsere Mütter bekamen 1960 allein für unser Erscheinen Geld. 500 Deutsche Mark der Deutschen Notenbank wurden vom Staat DDR für jeden neuen Erdenbürger gezahlt. Zum Vergleich: Ein Arbeiter verdiente zu dieser Zeit im Schnitt 558.- DM pro Monat. Am Anfang war das Stillen. Wir tranken an der Brust und schlie-fen nach dem ungemein wichtigen, manchmal sogar sanft herbei-geklopften Bäuerchen wieder selig

Unsere große Leidenschaft:
Spielen mit Wasser.

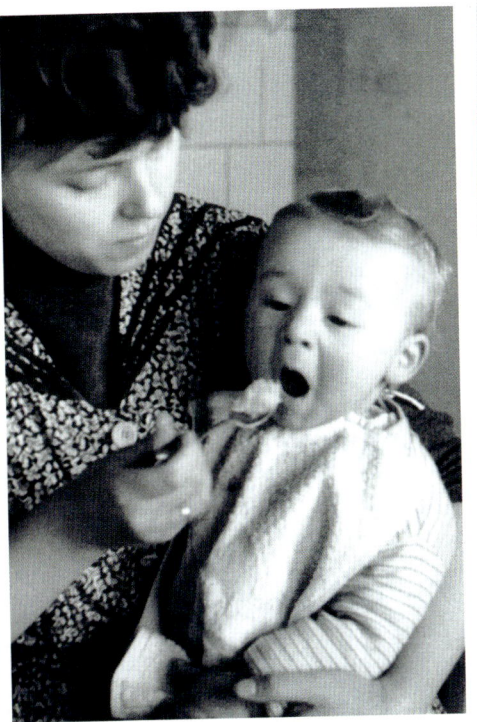

ein. Später, während der Entwöhnung von der Muttermilch, gab es das aus Pulver angerührte Babysan.

Wieder ein paar Wochen darauf wurden phantasievolle Breisorten für uns neben dem üblichen Grießbrei zubereitet. Kartoffeln, Möhren, Äpfel und Zwieback – alles wurde für uns schluckgerecht aufbereitet. Es gab auch Fertignahrung aus dem Glas, bekannt unter dem Namen Ki-Na – was nichts anderes hieß als Kinder-Nahrung.

Der Stubenwagen war in unseren ersten Lebenswochen ein sehr praktischer Aufbewahrungsort. Dieses meist aus Korbgeflecht bestehende Gefährt hatte den Vorteil, dass man uns in der Wohnung dorthin kutschieren konnte, wo auch unsere Eltern oder aufpassende ältere Geschwister waren. Nachts wurde der Stubenwagen dann neben die Betten der Eltern gerollt und der aus luftigem Gardinenstoff bestehende Himmel über uns halb zugezogen.

Unser zweites amtliches Dokument im Säuglingsalter nach der Geburtsurkunde war der Impfausweis. In ihn wurde sorgfältig eingestempelt, wann und wie oft wir gegen welche Kinderkrankheiten gepikst wurden. Es fing an mit der Tuberkuloseschutzimpfung, mit einem halben Jahr bekamen wir Impfungen gegen Diphtherie, Keuchhusten und Wundstarrkrampf verpasst, gefolgt von einer Pockenschutzimpfung. Und 1960 wurde in unserem Land die Polio-Schluckimpfung gegen Kinderlähmung eingeführt. Der geburtenstarke Jahrgang 1960 – über 292 000 Kinder kamen in der DDR auf die Welt – hatte so einen gesunden Start ins Leben.

babysan
TROCKENVOLLMILCH
ON® Fürs Kind
INH. 500 + 10 g   EVP M 4,00

1. bis 3. Lebensjahr

Alltägliches aus der DDR

Während für uns die Welt in Ordnung war, lebten unsere Eltern und Großeltern in einem Alltag, der Gutes, Schlechtes und oft sogar Kurioses bereithielt. 1962 öffneten in der DDR die ersten Intershops und Exquisit-Geschäfte. Die Menschen sahen das mit gemischten Gefühlen. Durften in den Intershops zunächst nur Ausländer, also nach der Lesart der DDR auch Westdeutsche, mit Devisen einkaufen, mussten im Ex, so die übliche Abkürzung, Unsummen ausgegeben werden, wollte man hochwertige und modische Kleidung aus eigener Produktion erwerben. 1960 und 1961 wurden die bekannten Urlauberschiffe des FDGB, „Völkerfreundschaft" und „Fritz Heckert" in den Dienst gestellt. 1961 startete in Karl-Marx-Stadt und Hainichen die Serienproduktion des Barkas B 1000. Neben Trabant, Wartburg und dem LKW W 50 bestimmte dieser Kleintransporter fortan für Jahrzehnte das Straßenbild des Landes.

In der DDR wurde viel gelesen. Unsere Eltern freuten sich auf die „Wochenpost", lasen mit Vergnügen im „Eulenspiegel" harmlose Witze, Papa besorgte sich, obwohl er noch kein Auto hatte, den „Deutschen Straßenverkehr", für Mama war die „Für Dich" gedacht, Oma und Opa liebten die stets rasch vergriffene Rätselzeitschrift „Troll" und für das „Magazin" mit ein oder zwei Aktfotos musste man jahrelang auf ein Abonnement warten. „Der Sonntag" der evangelisch-lutherischen Kirche Sachsens war mit 40 000 Exemplaren die auflagenstärkste kirchliche Zeitschrift. Die Kunst sollte den arbeitenden Menschen darstellen. Willi Sitte schuf das Gemälde „Meine Eltern von der LPG", der Lyriker

Trabant, Wartburg und Barkas vor der Ruine der Potsdamer Garnisonskirche.

Walter und Lotte Ulbricht. Der Parteichef gab sich gern volksnah, regierte aber mit harter Hand.

Georg Maurer dichtete „Arbeit ist die große Selbstbegegnung" und Brigitte Reimann veröffentlichte ihre Erzählung „Ankunft im Alltag".

Freiheit auf zwei Beinen

Unsere Mütter mussten sich anfangs der 60er-Jahre noch mit unseren vollgemachten Windeln und bekleckerten Lätzchen plagen. Die schmutzige Wäsche wurde entweder in großen, dampfenden Töpfen gekocht oder kam in die noch seltenen Waschmaschinen mit Wellenrad. Wegwerfwindeln? – Fehlanzeige! Stattdessen litten wir Kinder unter den damals üblichen Gummihöschen, die man uns als Schutz über die kunstvoll gewickelten Windeln zog. Nach mehrmaligem Waschen wurde das Gummi hart und schnitt in unsere empfindliche Haut.

Über die Zwischenstation Laufgitter, in dem wir meist mitten im Wohnzimmer spielten und tobten, kam für uns der große Augenblick, der uns neue Freiheiten bescherte und unseren Aktionsradius enorm erweiterte. Wir hatten sie endlich vollbracht – unsere ersten, wenn auch wackligen Schritte auf zwei Beinen. Zerschrammte Knie waren jetzt alltäglich. Mit Pflaster, der mächtig brennenden Sepso-Tinktur (Wund-Desinfektionsmittel) und viel tröstendem Zuspruch haben uns unsere Eltern beim Lernen des aufrechten Ganges begleitet.

Während wir unsere neu gewonnene Freiheit auf zwei Beinen ausprobierten, geschah im August 1961 in unserem kleinen Land DDR das Gegenteil. Ein ganzes Volk wurde von seiner Regierung eingeschlossen. Im Morgengrauen des 13. August wurde mit dem Bau der Mauer in Berlin begonnen und der Schießbefehl in Kraft gesetzt. Wenige Monate später trennten von der Ostsee bis zum Harz 870 Kilometer Stacheldrahtzaun, Beton, Minenfelder und Selbstschussanlagen die Deutschen für Jahrzehnte.

Eine besonders perfide Rolle beim Bau der Mauer spielte Walter Ulbricht, der Chef der DDR-Staats- und Parteiführung. Noch am 15. Juni 1961 trat er auf einer Pressekonferenz mit dem berühmt-berüchtigten Lügensatz auf, „Niemand hat die Absicht, eine Mauer zu errichten". Später redete Ulbricht gar von der Mauer als „antifaschistischer Schutzwall".

1. bis 3. Lebensjahr

Der tägliche Einkauf

Damals gab es in den Städten neben der
HO noch viele kleine Läden. Fleischer,
Bäcker, Molkerei, Haushaltswaren, einen
Schuster und den Gemüsehändler. Auf
dem Lande, in den Dörfern kaufte man
meist im Konsum ein. Und Einholen, so
hieß das oftmals, mussten unsere Eltern
so gut wie jeden Tag. Tiefkühlkost oder
haltbare Produkte waren kaum im Angebot. So kaufte man kleine Mengen, die
aber täglich. Einkaufen mit Mutti hieß für uns vor allem, Geduld zu haben. Vor fast
jedem Laden stand eine Menschenschlange und so gewöhnten wir uns schnell
daran, dass es nichts gab, ohne zu warten. Dass es bei weitem nicht alles zu
kaufen gab, was die Eltern uns gerne vorgesetzt hätten, bemerkten wir Dreikäse-
hochs freilich nicht. Unsere Welt war trotz Schlangestehen und fehlender Produkte noch in Ordnung.

Kinderkrippe

In den Jahren 1960 bis 1962 gab es viele von uns, die bereits im zarten Alter
von einem halben oder Dreivierteljahr in die Kinderkrippe gebracht wurden.
Geschadet hat es ihnen offensichtlich nicht, denn phantasievolle, anständige,
glückliche und erfolgreiche Menschen sind auch die meisten Krippenkinder
unseres Jahrganges geworden. Zur gemeinsamen täglichen Ausfahrt wurden
wir in übergroßen Wagen, in denen vier und mehr Knirpse Platz hatten, von
den Erzieherinnen durch Straßen und Parks geschoben. Diejenigen, die schon
gut zu Fuß waren, mussten sich an den Wagen festhalten und liefen nebenher.
Die meisten Krippen waren staatlich. Kirchliche Einrichtungen gab es selten.
Der Staat ließ sich die Unterbringung der Kinder eine Menge kosten.
   Während die Eltern nur einen geringen Essenzuschuss pro Tag bezahlen
mussten, wurden fast 4000 DM jährlich für einen Krippenplatz zugeschossen.

Ausfahrt mit unseren Tanten aus der Kinderkrippe.

Für berufstätige Eltern gab es 1961/1962 noch keine 5-Tage-Woche. Gearbeitet wurde bis Samstagmittag. Ab Juli 1961 wurde in der DDR für arbeitende Mütter der Haushaltstag eingeführt.

Die Welt da draußen

Wir 1960er wurden in eine ungemein bewegte Zeit hineingeboren. Kalter Krieg, Mauerbau und Kubakrise. In den USA wird im November 1960 der erst 43 Jahre alte, aber charismatische John F. Kennedy zum Präsidenten gewählt. 1960 wurden 18 ehemalige Kolonien in Afrika zu selbstständigen Staaten.

Im selben Jahr wird der einstige SS-Obersturmbannführer Adolf Eichmann vom israelischen Geheimdienst Mossad in Argentinien aufgespürt. 1962 wird der Hauptorganisator des Völkermordes an jüdischen Menschen in Israel hingerichtet. In Hamburg und an der deutschen Nordseeküste wütet im Winter 1962 eine Flutkatastrophe. Über 300 Menschen sterben, mehr als 75 000 verlieren ihr Obdach.

In Sachen Filme und Musik war ebenfalls viel los. Alfred Hitchcock schockte im Sommer 1960 die Kinobesucher mit seinem neuen Film „Psycho". Wenige Wochen später, im August '60, trat im Hamburger Club „Indra" an der Großen Freiheit eine unbekannte Gruppe mit dem Namen „The Silver Beatles" auf. Zwei Jahre darauf und mit ihrem letzten Neuzugang Ringo Starr startete die sich nunmehr „The Beatles" nennende Gruppe ihre Weltkarriere. Ebenfalls 1962 lief in den Kinos einer der erfolgreichsten Spionageserien aller Zeiten an, „James Bond jagt Dr. No" mit Sean Connery als 007.

Am 5. August 1962 wurde Marilyn Monroe in ihrer Wohnung in Los Angeles unter bis heute nicht voll aufgeklärten Umständen tot aufgefunden. Sehr populär waren die Nr.-1- Schlager aus Westdeutschland auch in der DDR. Vico Torriani erklärte „Kalkutta liegt am Ganges", Nana Mouskouri besang „Weiße Rosen aus Athen" und Conny Froboess hatte eine Vorliebe für „Zwei kleine Italiener".

Indianer, Lederhose und weiße Söckchen

So viel Neues

Jetzt mussten wir Fähigkeiten lernen, wie sie bei den Großen üblich waren. Hatte es früher ausgereicht, dass wir nach vollbrachtem großen Geschäft einfach riefen: „Mutti, fertig", so wurde jetzt von uns verlangt, dass wir uns selbst mit unserem Po und unseren Hinterlassenschaften beschäftigten.

   Die nächste Aufgabe: Zähne putzen richtig lernen. Es war nicht leicht für uns umzudenken und zu begreifen, dass man nicht alle einmal in den Mund genommenen Dinge auch essen konnte.

Chronik

Der Sandmann setzte viele Jahre lang für uns den Schlusspunkt hinter einen erlebnisreichen Tag.

8. August 1963
Großer Postzugraub in England. In der Nacht stoppen 16 Männer den Postzug von Glasgow nach London und erbeuten über 2,6 Millionen Pfund, nach heutigem Wert fast 50 Millionen Euro. Der Film „Die Gentlemen bitten zur Kasse" mit Horst Tappert war in West und Ost ein Renner.

27. August 1963
In Dresden wird der Wiederaufbau des im Zweiten Weltkrieg zerstörten Zwingers beendet.

22. November 1963
In Dallas, Texas, wird Präsident John F. Kennedy während einer Fahrt im offenen Cabriolet erschossen. Noch im Juni hatte er in Berlin seine denkwürdige Rede gehalten, die mit den Worten „Ich bin ein Berliner" endete.

25. Februar 1964
Cassius Clay, nach seinem Übertritt zum Islam bekannt unter Muhammad Ali, wird neuer Boxweltmeister im Schwergewicht.

April 1964
In Zwickau beginnt die Serienproduktion des Trabant P 601. Bis 1991 werden über 3 Millionen Trabant aller Typen gebaut.

15. Juli 1964
Grundsteinlegung für die Chemiearbeiterstadt Halle-Neustadt. In kurze Zeit wird „HaNeu", das später fast 100 000 Einwohner hat, in Plattenbauweise errichtet.

2. November 1964
Zum ersten Mal nach dem Bau der Mauer öffnet sich die innerdeutsche Grenze wieder für DDR-Bürger. Rentner dürfen einmal pro Jahr in den Westen reisen.

Februar 1965
Die USA beginnen einen grausamen Luftkrieg gegen Nordvietnam, u. a. mit Napalm, der erst 1973 mit dem Abzug der Amerikaner beendet wird.

20. März 1965
In Berlin gastiert mit dem Jazzmusiker Louis Armstrong erstmals ein ganz Großer des US-amerikanischen Showgeschäftes in der DDR.

22. März 1965
Nicolae Ceausescu wird Vorsitzender der Rumänischen Arbeiterpartei.

Dabei schmeckte „Putzi", die Kinder-Zahnpasta mit dem freundlichen Bärchen auf der Tube, doch gar nicht so schlecht.

Eines Tages wurden rechts und links von unserem Teller zwei Werkzeuge platziert, die wir nur von den Erwachsenen kannten: Messer und Gabel. Noch geraume Zeit verwechselten wir, mit welcher Hand was zu benutzen war. Auch das Binden von Knoten und Schleifen stand auf der Tagesordnung.

Im Kindergarten waren wir vormittags an der frischen Luft. Nachmittags spielten wir mit Bauklötzen und Puppen, wir bastelten, kneteten oder sangen. Das hieß dann „Beschäftigung". Was bleibt, sind eine Menge guter Erinnerungen an unsere Erzieherinnen, auch wenn sie unseren Eltern manchmal petzten, wie: „Ihr Sohn wollte heute nicht schlafen und hat auch andere Kinder gestört." In der DDR war es nicht schwer, uns in

4. bis 6. Lebensjahr

Im Gartenlokal freuten wir uns auf rote Brause und Bockwurst mit viel, viel Senf.

einem der vielen Betriebs- oder städtischen Kindergärten unterzubringen. Mitte der 60er-Jahre waren 60 Prozent von uns Kindergartenkinder. Unsere Eltern mussten pro Tag nur wenig Geld für unseren Aufenthalt bezahlen.

Gerüche und Geräusche

Mit vier oder fünf Jahren begannen wir, unsere Umwelt mit ihren Gerüchen und Geräuschen bewusster wahrzunehmen. Später in unserem Leben sollte sich zeigen, dass wir oft genau danach Sehnsucht haben und uns mit guten Gefühlen daran erinnern, wie es in der Kindheit roch, klang und das Essen schmeckte. Im Winter, besonders in den Städten, stank es nach verbrannter Braunkohle. Der typische ockergraue Rauch der Kachelöfen quoll aus tausenden von Schornsteinen. Hinzu kamen schwere, fettige Wolken als Abgase aus Industriebetrieben und das mitten in den Städten. Schnee sah schon nach wenigen Stunden grau aus. Wir hatten im Sommer die blauen Abgaswolken von Trabant und Wartburg in den Nasen. Zur Mittagszeit roch es aus den Küchenfenstern oft nach Kohl aller Art und gebratenen Kartoffeln. In den Treppenhäusern der Altbauten vermischte sich der Essensdunst mit den öligen Schwaden von Bohnerwachs.

Im Kindergarten machten wir Bekanntschaft mit dem beißenden Geruch von Desinfektionsmitteln und gelblicher Kernseife, mit der wir unsere Hände vor dem Essen waschen mussten. Geradezu süchtig waren wir nach dem verführerischen Duft und dem Geschmack von frischen Brötchen und gebackenem Blechkuchen in den Bäckerläden. Wurde auf dem Lande geschlachtet und anschließend die frische Wurst geräuchert, so mochten nicht wenige von uns auch diese kräftige Note.

Unsere Geräuschkulisse war vielfältig. Wieder waren es Trabi und Co., die mit ihren unverkennbaren 2-Takt-Motorgeräuschen in unseren Ohren tuckerten. Volkspolizisten pfiffen auf der Kreuzung mit einer Trillerpfeife falsch fahrende Autofahrer an. Stadtkinder werden sich immer an das Quietschen und Rattern der alten Straßenbahnen erinnern. Besonders laut waren Dampfloks, die vor jeder Schranke gellende Pfiffe ausstießen. In den Dörfern ratterten vor allem während der Erntezeit ständig Traktoren vom Typ ZT 300 durch die engen Straßen und über die Feldwege.

Wir erlebten sogar noch einen damals „aussterbenden" Beruf: den Eismann. Mehrmals in der Woche belieferte er die Besitzer alter Eisschränke. Er kündigte sein Erscheinen mit einer eigentümlich klingenden Pfeife und einer kurzen Melodie an. Der Eismann trug einen ledernen Schulterschutz und einen Handhaken zum Tragen der Eisblöcke.

Oben und ganz vorn, das waren unsere Lieblingsplätze in solch einem Omnibus-Ungetüm.

15

Filme, Bücher und Hits für Große

Stets mit Hut – Drafi Deutscher. Er starb 2006.

Am 10. April 1963 hatte der DEFA-Film „Nackt unter Wölfen" Premiere. Erstmals wurde in einem deutschen Spielfilm das Thema Konzentrationslager im Dritten Reich behandelt. Ein Kultfilm, „Karbid und Sauerampfer" mit Erwin Geschonneck in der Hauptrolle, kam ebenfalls 1963 in die Kinos.

Im Sommer 1964 erschien der Roman „Spur der Steine" von Erik Neutsch. Zwei Jahre später folgte im Juni 1966 die Erstaufführung des gleichnamigen Films von Regisseur Frank Beyer und mit Manfred Krug sowie Eberhard Esche in den Hauptrollen. Wenige Tage später, nach einem von der SED organisierten „Volkszorn", wurde der Streifen verboten und erst 1989 wieder gezeigt. Der Schriftsteller Hermann Kant veröffentlichte 1965 seinen ersten und berühmtesten Roman „Die Aula". Das Buch stand später auf den Deutsch-Lehrplänen vieler Schuljahrgänge.

In den bundesdeutschen Kinos lief am 5. März 1965 der erste Italo- oder Spaghetti-Western „Für eine Handvoll Dollar" an. Die Hauptrolle spielte Clint Eastwood, Regie führte Sergio Leone. Kurz vor Weihnachten 1965 startete im Westen in den Kinos der neue James Bond, „Feuerball", wiederum mit Sean Connery als 007. Die Nr.-1-Hits in Westdeutschland hießen 1963 „Junge, komm bald wieder" mit Freddy Quinn, Gitte forderte, „Ich will ´nen Cowboy als Mann", Cliff Richard empfahl 1964 „Rote Lippen soll man küssen" und 1965 kam ein unsterblicher Song von Drafi Deutscher auf den Markt: „Marmor, Stein und Eisen bricht".

Schick in Schale

An Kleidung im Überfluss war in jenen Jahren nicht zu denken. Die liebevoll selbstgestrickten Pullover und Schals kratzten leider heftig auf unserer Haut. Häufig trugen wir einfach die Jacken, Hosen und Kleider unserer älteren Geschwister weiter. Im Sommer trennten wir uns wochenlang nicht von unserer kurzen Lederhose, zumal die zwischen den vorderen Hosenträgern eine Brusttasche hatte, in der wir allerlei Kleinigkeiten wie Taschenmesser oder Murmeln verstecken konnten. Außerdem sah man einer Lederhose nicht an, ob wir sie schmutzig gemacht hatten. Die Mädchen trugen bunte Röcke und weiße Söckchen. Am Ende des Tages waren die dann meist deutlich dunkler.

Weggeworfen wurde kaum etwas vor der Zeit, da kannten unsere kriegs- und noterfahrenen Vorfahren keine Gnade. Unsere Schuhe wurden häufig zum Schuster an der Ecke gebracht, der sie zum zigsten Male ausbesserte. Löcher in den Strümpfen wurden gestopft. Wir wuchsen schnell aus unseren Pullovern, Hemden und Anoraks heraus. Kein Problem für Omas und Mütter. Erfinderisch und mit viel Liebe wurden an die zu kurz gewordenen Ärmel und Hosenbeine einfach Verlängerungen angenäht. Dennoch gab es bedauerliche Fälle, in denen ein Pullover oder ein Mantel trotz Mottenpapier von den Insekten durchlöchert und nicht mehr zu retten war. Erst dann wurde ein Kleidungsstück weggeworfen.

Begehrt – ein Strandkorb an der Ostsee.

Bei Oma auf dem Lande

Besonders freuten wir Stadtkinder uns, wenn es zu den Großeltern aufs Land
ging. Dort stank es nach Kuh- und Schweinestall. Der Geruch störte uns ebenso
wenig wie die überall herumlaufenden Hühner oder der Abfallhaufen hinter dem
Haus. Tagsüber kramten wir in baufälligen Schuppen stundenlang in alten
Werkzeugkisten oder stöberten auf stickigen, staubigen Dachböden in den
Holztruhen unserer Großeltern. Nicht selten wurden unter dem Dach allerlei
Kräuter getrocknet, die einen fremden, weil für uns Stadtkinder ungewohnten
Duft verbreiteten.

An lauen Sommerabenden wuschen wir uns mit kaltem Wasser aus der
Pumpe vor dem Haus. Meist am Wochenende wurde im Waschhaus der große
Kessel angeheizt und wir wurden von den Großeltern gewaschen. In den
kühlen, feuchten Keller wurden wir geschickt, um für das Abendbrot Butter,
Wurst und den herrlichen selbst gepressten Apfelmost zu holen. Auf dem Land
schliefen wir auch im Winter in ungeheizten Kammern. Ohne großes Murren
legten wir uns mit einer Wärmflasche oder einem eingewickelten heißen Stein in
die dicken Federbetten.

Die Wiesen, Felder und Wälder nahe am Dorf kannten wir gut. Ganz aufgeregt
waren wir, wenn es hieß, morgen geht es in die Pilze. Mit fünf Jahren konnten wir
einen Birkenpilz von einem seltenen Steinpilz unterscheiden, wir wussten, dass
ein Fliegenpilz nichts für den Korb war, ein Braunhäuptchen (Maronenröhrling)
dagegen später in der Pfanne sehr lecker schmecken würde. Die Wanduhr der
Großeltern mit ihrem gemächlichen Ticken und der Melodie des Schlagwerkes
sollte uns später im Leben an glückliche Kindertage erinnern.

Die DDR war ein kleines, überschaubares Land. 1952 wurden die Länder im Osten abgeschafft und in 15 Bezirke aufgeteilt. Rostock, Schwerin, Neubrandenburg, Potsdam, Berlin, Frankfurt/Oder, Magdeburg, Halle, Leipzig, Cottbus, Erfurt, Gera, Dresden, Chemnitz (ab 1953 Karl-Marx-Stadt) und Suhl. Der flächenmäßig größte Bezirk war Potsdam. Von Nord nach Süd, bis an die Grenze zur CSSR, maß die DDR gerade mal 500 Kilometer. Von West nach Ost waren es sogar nur 350 Kilometer. Einwohner hatte die DDR ca. 17 Millionen mit bekanntermaßen abnehmender Tendenz. Die höchsten Berge der DDR waren mit 1214 Metern der Fichtel-

berg im Erzgebirge und der Brocken im Harz mit 1142 Metern.

Die größten Wasserflächen hatten in der DDR die Müritz mit 116,8 und der Schweriner See mit 63,4 Quadratkilometern. Die größte Tiefe wurde im Großen Stechlinsee im Bezirk Potsdam gemessen.

1959 gehörten noch etwa 85% der DDR-Bürger der evangelischen und 10% der katholischen Kirche an. Im Laufe der Jahre stieg der Anteil der Konfessionslosen an der Gesamtbevölkerung von ca. 6% auf etwa 70% im Jahre 1989 an, wobei besonders die evangelische Kirche viele Mitglieder verlor.

Eine unbändige Horde

Stubenhocker waren wir nicht. Es war üblich, dass wir fast jede freie Minute draußen verbrachten. Wir spielten auf dem Hof oder Hinterhof, tobten auf dem Spielplatz, kickten mit viel Geschrei auf dem Fußballplatz, kletterten auf die Bäume im Park oder fuhren Roller auf der Straße. Die Mädchen liefen stolz mit Puppenwagen um die Häuser.

Alle Jungen wollten Indianer sein, möglichst der Häuptling. Noch vor den großen Kinoerfolgen der DEFA-

Der Stabilbaukasten forderte unsere ganze Geschicklichkeit.

Indianerfilme spielten wir am liebsten Cowboy und Indianer. Die Jungs rannten laut jipieh-jeh-joh johlend und mit Federschmuck auf dem Kopf um die Häuser, während die Mädchen zum symbolischen Kochen und Kinderhüten in den aus Decken gebauten Zelten hocken mussten. Waren beim Wild-West-Spiel unsere Sympathien eindeutig bei den edlen roten Männern, so gab es bei Räuber und Gendarm durchaus geteilte Meinungen über Recht und Ordnung.

War ein Tag an der frischen Luft zu Ende, dann hieß es, wir müssen „hoch"
oder „rein". An dunklen Winternachmittagen oder an Regentagen vertrieben
wir uns die Zeit in der Wohnung mit Holzbaukästen und Blechautos und in Pup-
penstuben wurde das Leben nachgestaltet.

Über Taschengeld, außer ein paar Groschen, verfügten wir noch nicht. Dafür
hatten wir in unseren Taschen ein viel wertvolleres Tauschmittel – Murmeln. Für
besonders große und bunte Glasmurmeln konnten wir schon mal einen Ball,
ein Puppenkleidchen oder ein Spielzeugauto eintauschen. Außergewöhnlich
teuer in der Murmel-Währung und begehrt waren Matchies, so nannten wir die
Matchbox- Autos aus dem Westen. Höhepunkte waren auch Besuche im Zoo
oder ein Nachmittag im Zirkus, der damals noch eine große Attraktion war.

Zum Abendessen versammelte sich üblicherweise die ganze Familie am
Tisch. Papa stellte die Flasche Feierabendbier auf die karierte Wachstuchtisch-
decke, wir aßen Brote mit Wurst und Käse, tranken dazu Kräutertee oder
Brause. Nach dem Essen begannen wir oft ein erfinderisch gestaltetes Feil-
schen um den Beginn der Schlafenszeit. Mal hatten wir vergessen, uns die
Zähne zu putzen, mal mussten wir noch etwas „gaaanz" Wichtiges mit den
Eltern bereden und mal konnten wir den Schlafanzug absolut nicht finden. Kurz
vor dem endgültigen Einschlafen kam fast jeden Abend Mutti oder Vati an
unser Bett und las aus dem dicken Märchenbuch der Gebrüder Grimm vor.

Hauptsache Motorroller, da störte es kaum, dass wir nur Kreise fahren durften.

4. bis 6. Lebensjahr

Muttiheft
und Zitterbacke

Heute die Abschlussfeier im Kindergarten und schon morgen werden wir Schulkinder sein.

Lieber Lutz!

Zu unserer Abschlußfeier am 31.8.1966 15.oo Uhr im Kindergarten, laden wir Dich und Deine Eltern recht herzlich ein.

Viele liebe Grüße

Deine Frau Heute

Ranzen und Brottasche

Der eine Teil unseres Jahrganges wurde 1966 eingeschult, die späteren Geburtsmonate hatten erst im Herbst 1967 ihren ersten Schultag. Stichtag für die Teilung war der 31. Mai. Schulanfang war der 1. September, der Beginn für acht (im Ausnahmefall) für zehn oder zwölf Jahre unseres Schullebens. Wir Erstklässler, damals immerhin zwischen 30 und 40 Mädchen und Jungen pro Klasse, waren schwer bepackt. Auf dem Rücken der Ranzen mit Büchern, Heften und Federtasche. Vor der Brust baumelte die Brottasche, die in Sachsen auch „de Brodsche" genannt wurde. In den Pausen, die in kleine und große unterteilt waren, bekamen wir in der Schule eine Flasche Milch.

Chronik

Schulanfangsfeier – vor dem ersten Tag im Klassenzimmer war uns ein wenig mulmig zumute.

4. Mai 1966
Parteichef Mao Zedong leitet in China die „Große proletarische Kulturrevolution" ein.

9. Mai 1966
In Rheinsberg, nördlich von Berlin, geht das erste deutsche Atomkraftwerk ans Netz. Drei Monate später folgt im bayerischen Gundremmingen ein weiteres Kernkraftwerk.

6. Juli 1967
In Langenweddingen bei Magdeburg stoßen ein Personenzug und ein voll beladener Tanklastzug an einem Bahnübergang zusammen. Bei dem Unglück sterben 94 Menschen, darunter viele Kinder, die auf dem Weg ins Ferienlager waren.

9. Oktober 1967
Ernesto „Che" Guevara wird in Bolivien gefangen genommen und wenig später erschossen.

30. Mai 1968
In Leipzig wird die Universitätskirche St. Pauli (Paulinerkirche) auf maßgebliches Betreiben von Walter Ulbricht gesprengt. Tausende protestieren dagegen.

20./21. August 1968
In der Nacht marschieren Truppen der Sowjetunion, Ungarns, Polens und Bulgariens in die CSSR ein. Die Demokratiebestrebungen des „Prager Frühlings" unter Parteichef Dubcek werden gewaltsam beendet. Die NVA der DDR beteiligt sich nicht am Einmarsch, steht aber an der Grenze zur CSSR in Bereitschaft.

20. Juli 1969
Der amerikanische Astronaut Neil Armstrong ist der erste Mensch auf dem Mond. Über 500 Millionen Fernsehzuschauer verfolgen weltweit das Ereignis.

17. August 1969
In den USA geht das Woodstock-Festival nach drei Tagen und mit über einer halben Million Rockfans zu Ende.

21. Oktober 1969
Mit Willy Brandt wird in der Bundesrepublik erstmals ein Sozialdemokrat zum Bundeskanzler gewählt.

Unsere Schulbänke Mitte der 60er-Jahre waren aus dunkelbraunem Holz. Viele Schülergenerationen vor uns hatten an ihnen gesessen, Tinte verschüttet und ihre Initialen eingeritzt. Die Tische waren leicht zu uns geneigt und hatten oben eine Mulde für Füllfederhalter und Bleistifte. Verrücken konnten wir weder Tische noch Bänke, alles war in Reihe zusammengeschraubt.

Die Lehnen waren ein oben abgerundetes, steil aufgerichtetes Brett. Unbeliebt waren die vorderen Bänke.

Auf unsere Zuckertüte waren wir enorm stolz.

7. bis 10. Lebensjahr

Die scheinbar Gewiefteren unter uns Erstklässlern setzten sich in die hinteren Reihen, möglichst weitab von Lehrerpult und Tafel. „Da haben wir unsere Ruhe", dachten sie sich. Dies stellte sich mit der Zeit als Fehleinschätzung heraus. Unsere Lehrer konzentrierten sich fast immer auf die Schüler in den hinteren Reihen, während man rechts und links außen auf den vorderen Bänken ein geruhsames Schülerleben führen konnte.

Zensuren und Bienchen

Nach den ersten aufregenden Wochen gewöhnten wir uns an den neuen Lebensrhythmus. Wir begannen nach Vorteilen zu suchen, lernten rasch, wie wir scheinbar am besten die Lehrer milde stimmen konnten und unsere Eltern dazu brachten, nicht zu viele unangenehme Fragen nach unseren Noten zu stellen. Die Fächer meines ersten Schulhalbjahres-Zeugnisses waren: Heimatkundliche Anschauung, Rechtschreibung, Schreiben, Rechnen, Werkunterricht, Zeichnen, Singen, Turnen. Dazu die in der DDR üblichen Kopfnoten wie Gesamtverhalten, Betragen, Fleiß, Ordnung und Mitarbeit. Zensuren gab es vom ersten Schultag an, manchmal ergänzt durch ein gestempeltes Bienchen für besonders tolle Leistungen.

Ein „Eintrag" ins Muttiheft war schlimm. Ihn gab es für Ereignisse wie heftiges Toben, ständiges Quatschen im Unterricht, auffällige Raufereien auf dem Schulhof oder hartnäckiges Vergessen der Hausaufgaben. Unsere Eltern mussten alle Einträge unterschreiben, denn die Lehrer kontrollierten das. Die Verwegenen unter uns griffen hin und wieder zur Notwehr und fälschten die Unterschriften ihrer Eltern.

Von unseren Lehrern dachten wir, sie seien alle ein wenige lebensfremd und hätten keine Ahnung von unseren Tricks und Nöten. Damals konnten wir uns nicht vorstellen, dass diese unsere Lehrer erstens nicht steinalt waren, zweitens sehr wohl eine Ahnung vom „richtigen" Leben hatten und drittens so ziemlich alle unsere Tricks und Kniffe im Abgucken und Simulieren kannten.

So wie er wollten wir Jungs alle sein –
DEFA-Indianer Gojko Mitic.

DEFA-Indianerfilme

Als am 18. Februar 1966 mit „Die Söhne der großen Bärin" der erste Indianerfilm der DDR in die Kinos kam, sahen ihn in den folgenden Wochen und Monaten acht Millionen Besucher. Das war fast die Hälfte der Bevölkerung des Landes. Für uns 1960er war der erste Auftritt von Gojko Mitic als Häuptling Tokei-ihto und künftiger DEFA-Oberindianer noch etwas zu zeitig. Und hätten wir mit sechs Jahren mit ansehen müssen, dass der fiese Widersacher von Tokei-ihto namens Red Fox nicht einfach nur der tschechische Schauspieler Jiri Vrstala, sondern dieser Vrstala auch noch unser geliebter Clown Ferdinand war, wir hätten die Filmwelt nicht verstanden. Bereits ein Jahr später folgte im Sommer 1967 mit „Chingachgook, die große Schlange" der zweite Indianerfilm der DEFA. Spätestens mit den nächsten Streifen „Die Spur des Falken" (1968) und „Weiße Wölfe" (1969) wurden wir zu feurigen Anhängern des Dakotahäuptlings Wcitspähender Falke,

gespielt von Gojko Mitic. Gleichzeitig hassten wir Kinder den Ober-Bösewicht der frühen Indianerfilme. Den Indianerfeind schauspielerte überzeugend Rolf Hoppe. Als Gegenpart zu den ebenfalls erfolgreichen Karl-May-Verfilmungen der Bundesrepublik mit Winnetou und Old Shatterhand wollte die DEFA in ihren Filmen ethnische und kulturhistorische Treue beweisen und ein reales geschichtliches Umfeld der Ureinwohner Amerikas zeigen. Nahezu jedes Jahr, pünktlich zur Eröffnung der Sommerfilmtage, folgte ein weiterer Streifen. Zum Beispiel „Tödlicher Irrtum" (1970), „Osceola" (1971), „Ulzana" (1974) und „Blutsbrüder" (1975) mit Dean Reed und Gojko Mitic. Von 1966 bis 1979 wurden von den DEFA-Studios in Potsdam-Babelsberg insgesamt 12 Indianerfilme gedreht. Außer in dem 1979 erschienenen „Blauvogel" kämpfte stets Gojko Mitic in der indianischen Hauptrolle. 1983 folgte mit „Der Scout" der 13. und letzte DEFA-Indianerfilm.

Der Eindruck täuscht – so brav waren wir nicht.

Blaue Lippen

Egal ob Freibad oder Kiesgrube, wir gingen beim Baden grundsätzlich erst aus dem Wasser, wenn wir vor Bibbern und mit blauen Lippen nicht mehr konnten. Da standen wir dann da, vor Kälte zähneklappernd, die großen Badetücher um die spitzen Schultern gehangen und mampften die mitgebrachten Brote, die je nach Region auch Schnitten, Bemmen, Stullen usw. genannt werden. Dazu tranken wir kalten Tee aus Plastikflaschen.

Waren Mädchen und Jungs zusammen, kam es zu ersten unbeholfenen und zaghaften

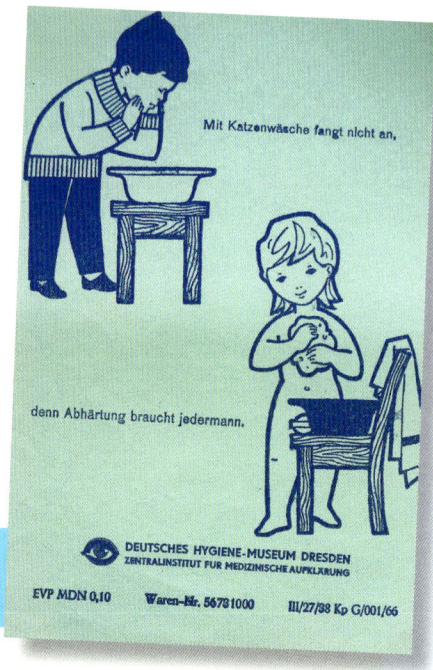

Auf der Rückseite eines Schulheftes – Ratschläge für eine angeblich gesunde Abhärtung durch kaltes Wasser.

Annäherungsversuchen. Die Mädchen boten ihrem bevorzugten Kerl an, mit ihm gemeinsam die Decke auf der Liegewiese im Freibad zu teilen. Wir Jungs waren mit unseren Gunstbezeigungen weniger einfühlsam. Saß die Angehimmelte nahe genug am Wasser, so setzten wir uns mit einer Arschbombe und einem Schwall kalten Wassers in Szene.

Zwei typische und daher unvergessliche Erlebnisse gehören noch zum Freibad. Die schwarze Tafel am Eingang, auf der „Luft" und „Wasser" standen. Jeweils dahinter vermerkte der Bademeister die aktuellen Werte mit Kreide. Mit neidischen Blicken betrachteten wir die älteren Jungs. Sie knutschten in den hinteren Ecken des Freibades mit ihren Freundinnen und ihre Hände machten auch nicht vor den oberen Regionen der Bikinis halt. Diese Jungs um die 16 bis 18 Jahre hatten die damals üblichen Dreieckbadehosen an, in die sie, als ultimatives Zeichen ihrer Lockerheit, hinten einen Stielkamm eingesteckt hatten.

Geduldsspiel Einkaufen

Einkaufen in der DDR hieß Schlange stehen. Ob beim Fleischer, im Milchgeschäft oder in HO und Konsum, die sozialistische Wartegemeinschaft war unvermeidlich. Wenn wir unsere Eltern am Samstagmorgen mit frischen Brötchen vom Bäcker überraschen wollten, standen wir uns gemeinsam mit 20 und mehr mürrisch Wartenden die Beine in den Bauch. In Gemüseläden lernten wir Koppelungsgeschäfte kennen. Wer seltene Erdbeeren oder Pfirsiche haben wollte, musste noch reichlich aus den immer vorrätigen Kohlsorten dazukaufen. Im Milchladen bekamen wir die Milch noch in Aluminiumkannen abgefüllt. Auf dem Nachhauseweg probierten wir aus, wie die Milch trotz Überschlag in der Kanne blieb, wenn wir das Gefäß nur schnell genug drehten.

Andere Produkte hießen Bückware. Weshalb? Die Verkäuferinnen gingen für bevorzugte Kunden mal rasch in die Knie, um unter dem Ladentisch die Rarität hervorzuholen. Bier wurde vielerorts in Krügen verkauft, wir holten es für unsere

Opas und Väter aus einer der zahlreichen Eckkneipen. Ein Brötchen, Semmel, Schrippe, Knüppel usw. kostete immer fünf Pfennig, die Bockwurst mit Brötchen war jahrzehntelang für 85 Pfennig zu haben, Brote kosteten je nach Gewicht entweder 78 oder 93 Pfennig, das 250-Gramm-Stück Butter war auf 2,50 Mark festgelegt und ein Glas Marmelade war mit 54 Pfennig ausgepreist. An den chronisch überlasteten Minol-Tankstellen stand der Preis für einen Liter Zweitaktbenzin bei 1,50 Mark fest.

Für uns Steppkes waren die 1969 zum 20. Jahrestag der DDR eingeführten neuen goldenen 20-Pfennig-Stücke interessant. Ebenfalls aus diesem Anlass kam „Präsent 20" in die Geschäfte, ein vollsynthetischer und daher genauso enorm haltbarer wie schweißtreibender Stoff. Stück für Stück verschwanden jetzt die kleinen Läden. Schon Anfang der 60er-Jahre wurden sie schrittweise auf Selbstbedienung umgestellt. Am Ende des Jahrzehnts wurde immer mehr in den neuen Kaufhallen eingekauft.

Das Drama mit dem Weihnachtsbaum

In der Vorweihnachtszeit verwandelte sich die Wohnung in ein Heerlager von Nussknackern und Räuchermännchen. Lichterkränze und der in der DDR sehr beliebte Schwibbogen vervollstän-

Die Schallplatte von ETERNA mit bekannten kirchlichen Gesängen und weihnachtlichen Volksliedern wurde in vielen Familien aufgelegt.

Einmal aufgebaut, blieb der Weihnachtsbaum oft bis Silvester stehen.

digten die gemütliche Enge im Advent. Kulinarisch hatte der Stollen die Oberhand. Besonders im Erzgebirge wurde das gehaltvolle Gebäck vielerorts noch nach überlieferten Familienrezepten zusammengerührt und in die Bäckereien gebracht.

Mitte Dezember war es für uns an der Zeit, den Wunschzettel an den Weihnachtsmann zu schreiben. In vielen Familien war es Brauch, dass der Alte im roten Mantel und mit weißem Bart noch persönlich zu den Kindern kam, ihnen den Sack voller Geschenke brachte, sich Gedichte oder Lieder vortragen ließ und natürlich fragte, ob man im vergangenen Jahr auch artig gewesen sei. Im Kostüm steckte meist ein Mann aus der Nachbarschaft oder ein Onkel der Familie.

Kauf und Aufstellen des Tannenbaumes waren ein sich jährlich wiederholendes Drama. Vater holte die Gehölze immer kurz vor dem Heiligen Abend beim Weihnachtsbaumverkauf in der Stadt. Dann gab es natürlich nur noch die krummen und schiefen Bäume. Mit Hilfe von Handbohrer und Säge wurde dann aus zwei ärmlichen, struppigen Fichten ein halbwegs ansehnlicher Weihnachtsbaum. Auf dem Lande war es Tradition, sich den echten Tannenbaum mit der Axt aus dem Walde zu holen. Egal ob legal oder heimlich.

Am Abend des 24. beschenkten wir unsere Eltern mit selbst Gebasteltem und Gemaltem, überreichten unseren Müttern in Geschenkpapier eingewickelte Stücke Seife und überraschten die Väter mit Rasierwasser. Die Bescherung für uns und unsere Geschwister dauerte länger. Alle Geschenke wurden einzeln ausgepackt, bestaunt und sofort ausprobiert. Der Morgen des 25. Dezember war etwas Besonderes. Bevor unsere Eltern aufwachten, setzten wir uns allein oder mit unseren Geschwistern unter den Tannenbaum und schauten uns in aller Ruhe die Geschenke an.

Seid bereit – immer bereit

Die Langfassung des strammen Pioniergrußes startet noch mit der Sinngebung „Für Frieden und Sozialismus". Besonders korrekte und überzeugte Lehrer begannen so ihre Schulstunden, während wir nach der Aufforderung „seid bereit" im Chor unsere Erwiderung „immer bereit" in die Klasse schmetterten.

Wir waren jetzt Jungpioniere. Zu feierlichen Anlässen trugen wir ein weißes Hemd mit dem Pionieremblem am Ärmel. Mit dem Binden des Knotens zum blauen Halstuch quälten wir uns lange. Als junger Mann stellte man fest, dass einem diese Fertigkeit beim Binden eines einfachen Schlipsknotens sehr nützlich war.

Wir Jungpioniere trabten einmal pro Woche zum Pioniernachmittag, wir gestalteten die Klassenwandzeitung, besuchten ältere Menschen im Feierabendheim, sangen und trugen ihnen Gedichte vor und waren mit Feuereifer bei der „Goldenen Eins im Straßenverkehr" dabei. Vorbild bei unseren guten Taten sollte uns ein Buch des sowjetischen Schriftstellers Arkadi Gaidar sein, „Timur und sein Trupp". Tatsächlich lasen wir dieses spannend geschriebene Buch über hilfreiche Pioniere in einem uns fernen Land gern.

Wir Jungpioniere hatten natürlich auch einen Mitgliedsausweis.

SEID BEREIT
TP

MITGLIEDSKARTE
für Jungpioniere

Zwischen Spaß und Ernst, eine Gruppe
Junger Pioniere mit Wimpel.

Von unserer kindlichen Sammelleidenschaft profitierte ein ganzer Staat. Ende der 60er-Jahre waren es hauptsächlich wir Jungpioniere, die die in der DDR allseits bekannte Aktion SERO (Sekundärrohstoffe) zu einem Erfolg werden ließen. „Hamse Flaschen, Gläser, Altpapier oder Lumpen?" Mit dieser Standardfrage begannen für uns lukrative Sammelnachmittage. Mit einem Handwagen zogen wir von Haus zu Haus. In der SERO-Annahmestelle bekamen wir für ein paar Kilo Altpapier und den Wagen voller Flaschen schnell mal fünf und mehr Mark. Das war oftmals mehr als das monatliche Taschengeld von unseren Eltern.

Nicht alle unserer Klassenkameraden waren Jungpioniere. Kirchlich gebundene Eltern schickten ihre Kinder in die Christenlehre. Von uns „anderen" wurde das mit Neugier aufgenommen. Manche von uns mutmaßten sogar ein Geheimnis. In der atheistisch geprägten DDR hatten wir wenig Vorstellung von dem, was Christenlehre bedeutete. Von manchen Lehrern wurden die jungen Christen strenger bewertet und im Unterricht in Gewissenskonflikte gebracht.

Das grüne Auge

Obwohl 1969 bereits in 66% der DDR-Haushalte ein TV-Apparat stand, gab es in der noch kurzen Sendezeit des Fernsehens wenig Interessantes für uns zu sehen. Das Radio dagegen war sehr beliebt und spannend. In vielen Stuben thronten die voluminösen Apparate an zentraler Stelle, die Lautsprecher mit braunem Stoff bespannt, die beleuchtete Skala mit Namen ferner Städte und Kilo- und Megahertz- Angaben beschriftet. Ein kleines grünes magisches Auge, dessen Pupille sich mal verengte und mal weitete, zeigte an, ob der Empfang gut war oder wir mit lästigem Rauschen aus dem Äther zu rechnen hatten.

In unserem Alter hörten wir vorzugsweise die Kindersendungen des DDR-Rundfunks. Zwischen 8.40 und 9.00 Uhr in der Woche lauschten wir gebannt den Geschichten aus dem Butzemannhaus. Am Samstag war der kleine Pfennig dran. „Alle Kinder, alle Puppen, selbst der freche Hampelmann sind jetzt artig, still und leise, kommen schnell ganz dicht heran. Lieder, Märchen und Geschichten auch ein bunter Blumenstrauß sind ein Gruß für brave Kinder – aus dem Butzemannhaus." Gern verfolgten wir auch den abendlichen Gute-Nacht-Gruß aus dem Radio kurz vor 19.00 Uhr. Etwas älter geworden, hockten wir gemeinsam mit unseren Eltern vor dem Radioapparat bei „Neumann – 2 x klingeln". Waren wir bei den Großeltern, zitterten wir bei Hörspiel-Krimis des Bayerischen oder Norddeutschen Rundfunks. Radio zu hören bedeutete für uns, Bilder im Kopf entstehen zu lassen. Grenzenlos.

Heute im Museum: Röhrengeräte aus dem VEB Stern-Radio.

Wir schmökern

Wenn es regnete oder ab Herbst die Tage kürzer wurden, lasen wir. „Alfons Zitterbacke" konnten wir mit seinen ständigen Missgeschicken gut verstehen. In dem Büchlein vom braven Schüler Ottokar Domma sind es dagegen die Lehrer, der Pilei (Pionierleiter) und die resoluten Eltern, die einer milden Lächerlichkeit preisgegeben werden. Die leicht gruselige Geschichte „Käuzchenkuhle" verschlangen wir ebenso wie alle Bände der Indianertrilogie „Die Söhne der großen Bärin", während bei Strittmatters „Pony Pedro" unsere Phantasie Purzelbäume schlagen konnte. Dass Karl Marx offenbar auch ein warmherziger und liebevoller Vater war, erfuhren wir in dem Buch „Mohr und die Raben von London". „Lütt Matten und die weiße Muschel" oder „Die Reise nach Sundevit" waren bestens geeignet, Fernweh und die Sehnsucht nach dem weiten Meer in uns zu wecken.

Bücher waren in der DDR billig. Und es gab 15 000 Bibliotheken. Selbst entlegene Dörfer klapperte einmal pro Woche der Bibliotheksbus ab. Neben den dicken Büchern lasen wir die Pionierzeitschrift „Frösi" (Fröhlich sein und Singen) und später, als FDJler, dann die „Trommel". Unangefochtene Nr. 1 bei uns war in all den Jahren das „Mosaik", die wir Mosi nannten. Die monatlich erscheinenden Comics waren auch in die Kategorie der Mangelware einzuordnen. Die humoristisch und sogar geschichtlich bildenden Abenteuer der Digedags samt dem blöd-stolzen Ritter Runkel faszinierten uns.

„Mächtig gewaltig – Die Olsenbande"

Der erste Film 1968 hieß schlicht „Die Olsenbande". 1969 saß die genial-trottelige Olsenbande aus Dänemark das erste Mal in der Klemme, so der Titel des zweiten Streifens. In den DDR-Kinos wurde in den siebziger Jahren fast jedes Jahr ein weiterer Streich gezeigt, später auch im Fernsehen. So kam es, dass wir mit Egon, Kjeld und Benny groß wurden. Nicht zu vergessen Yvonne, die überdrehte Frau von Kjeld, die auch von Helga Hahnemann synchronisiert wurde und der stets besoffene Bruder von Benny namens Dynamit-Harry.

Die Olsenbande lief Amok (1973), stellte die Weichen (1975), sah rot (1976), schlug wieder zu (1977) und stieg aufs Dach (1978). Insgesamt gab es 14 Filme, die stets mit Egons „Ich habe einen Plan" begannen und immer mit einem Misserfolg endeten. Weshalb haben wir bis heute eine große Sympathie für die Olsenbande? Ja, irgendwie war es in den Filmen ein wenig wie in der DDR. Mit dem einfachsten Zubehör plante Egon seine bis auf Detail und Sekunde ausgeklügelten Coups. Spielzeugpanzer, ein Pornoheft, vier Nägel, zwei Wollfussel, ein Knallfrosch und ein alter Käse sind nur eine kleine Auswahl.

Neben Bennys „mächtig gewaltig" amüsierten uns die Schimpfworte Egons. „Fetter Hosenträger" (zu Kjeld), „Erbärmliche Schlappschwänze", „talentlose Käsekacker". Wir freuten uns über den alten, rostigen Chevrolet ebenso wie über Kjelds Hebammenköfferchen, Bennys gelbe Strümpfe unter immer zu kurzen Hosen und seinen hüpfenden Gang. Nicht zu vergessen Egons nie unterzukriegenden Zigarrenstummel und die Tresore von Franz Jäger, Berlin. 1998 sahen wir den wirklich allerletzten Streich der Olsenbande. Heute lebt nur noch Morten Grunwald alias Benny.

Unschlagbar in unserer Gunst, die Olsenbande.

Geschenksendung, keine Handelsware

Sie wurden sehnlich erwartet und von vielen ungeduldig aufgerissen – die Westpakete. Das Auspacken war eine Kulthandlung. So ein geöffnetes Westpaket roch, nein, es duftete, fremd und verführerisch. Für Mutti gab es Seife, Kaffee und kostbare Nylonstrumpfhosen. Die Väter freuten sich über ein exotisches Aftershave, schmachteten nach Westzigaretten oder bekamen endlich eine gute Bohrmaschine.

Wir waren scharf auf Lakritz, Kaugummi, glitzernde Stammbuchbilder, Matchbox- Autos und, später als Halbwüchsige, auf Jeans. Beliebt waren auch Kaugummizigaretten. Mit denen konnten wir so schön imitieren, wie man lässig rauchen würde.

Unser Markenbewusstsein wurde durch die Westpakete maßgeblich geprägt. Seife hieß Lux, Kaffee Jacobs, Jeans Levi's oder Wrangler, Zigaretten HB und Lord, Leckereien stammten von Haribo und Hitschler, die Kaugummis kamen von Wrigley. Nach 1989 erfuhren wir dann, was unsere Eltern schon damals ahnten und was in all den Jahren des Paket- und Briefverkehrs zwischen West und Ost gängige Praxis war. Die Stasi öffnete, las mit und stahl Geld aus den beigelegten Umschlägen. Die Ostler schickten Pakete in den Westen, über deren Inhalt sie sich mächtig die Köpfe zerbrechen mussten. Was, um Himmels willen, schenkt man der lieben Westverwandtschaft, die doch bereits alles hat oder es zumindest kaufen könnte? Also fanden sich in den Ostpaketen teure Bildbände, kunstgewerbliche Artikel, erzgebirgische Weihnachtsschnitzereien und Stollen.

Jetzt standen unsere jüngeren Geschwister im Mittelpunkt.

Unsere erste Zigarre war aus Teich-rohr, auch „Rohrpumpe" genannt.

Eltern haften für ihre Kinder

Gemäß dieser abschreckenden gesamtdeutschen Warnung hätten unsere Eltern viel Ärger haben müssen. Hatten sie aber nicht, denn bei unseren mehr oder weniger harmlosen Streichen ließen wir uns selten erwischen. Z. B. Klingelputzen. Wir klemmten mit einem abgebrochenen Streichholz den Klingelknopf fest und schon hatten wir Erfolg. Aus den Kleingärten stibitzten wir Äpfel und Birnen. Mit acht oder neun Jahren waren Gartenzäune für uns keine wirklichen Hindernisse mehr. Im Konsum oder in der HO mausten wir die Pfandflaschen hinten aus dem ungesicherten Lager, um sie vorn wieder mit unschuldiger Miene gegen Geld abzugeben. Im Dorf schossen wir im Herbst aus einem Blasrohr die reifen Vogelbeeren aus sicherer Entfernung auf die Erwachsenen ab.

Der Trick mit dem an einer Angelschnur befestigten Portemonnaie auf dem Gehweg klappte fast immer. Ein Passant bückte sich nach der vermeintlich verlorenen Geldbörse und schwupp, war sie weg.

Nostalgische Technik – elektrischer Oberleitungs-Bus mit Anhänger.

Born to be wild oder Männer, die noch keine sind

Die Puhdys, später eine der populärsten Rockgruppen der DDR, traten im November 1969 das erste Mal öffentlich auf und zwar im sächsischen Freiberg. Und Ende des Jahres 1969 wurde in den USA der Film „Easy Rider" uraufgeführt. Der Streifen wurde vor allem wegen der Musik der Gruppe Steppenwolf und „Born to be wild" Kult. Bekannte Schlager dieser Jahre im Osten waren „Männer, die noch keine sind" von Chris Doerk, „Du hast gelacht" mit dem Duo Dagmar Frederic und Siegfried Uhlenbrock sowie der Thomas-Lück-Ulksong „Ich koche für mein Leben gern". So gut wie eingebürgert in die DDR wurde die zierliche Französin Mireille Matthieu mit ihren Liedern „Tarata ting tarata tong" (Die Uhr bleibt niemals stehen) und „An einem Sonntag in Avignon". In die Kinos der Welt kamen Filme, die uns später noch begeistern sollten. 1967 „In der Hitze der Nacht" mit Sidney Poitier und Rod Steiger sowie 1968 „Spiel mir das Lied vom Tod" mit Henry Fonda, Claudia Cardinale und Charles Bronson.

Henry Fonda gehörte zu unseren Lieblingsschauspielern.

Chris Doerk und Frank Schöbel, Ende der 60er-Jahre das junge Traumpaar der DDR.

7. bis 10. Lebensjahr

Auf Entdeckungsreise

1970-1973

Kindheit ade

Wir lebten jetzt in einer Übergangs-
zeit und bewegten uns zwischen allen
Stühlen, man könnte auch sagen,
Fettnäpfchen. Mit zehn, elf, zwölf
Jahren waren wir nicht mehr die
netten Kleinen, die alle süß fanden
und denen alles verziehen wurde. Wir
gehörten aber auch noch nicht zu der
von den Erwachsenen ziemlich
unverstandenen „Jugend von heute",
die ab 14 Jahren aufwärts zu zählen
war.

Mit zehn Jahren gingen viele von
uns in eine Schwimmgruppe.

Chronik

19. März 1970
Als erster Bundeskanzler trifft sich Willy Brandt in Erfurt mit dem DDR-Ministerpräsidenten Stoph. Legendär bleiben die tausendfachen Rufe der Erfurter „Willy Brandt ans Fenster".

10. April 1970
Auf einer Pressekonferenz gibt Paul McCartney seine Trennung von den Beatles bekannt. Die erfolgreichste und musikalisch einflussreichste Band der modernen Musikgeschichte mit Lennon, Harrison, Ringo Starr und McCartney hat sich damit endgültig aufgelöst.

3. Mai 1971
Walter Ulbricht tritt gezwungenermaßen vom Amt als SED-Parteichef zurück. Nachfolger wird Erich Honecker.

9. März 1972
Die Volkskammer der DDR beschließt die Fristenregelung beim Schwangerschaftsabbruch. Abtreibungen innerhalb der ersten drei Monate sind damit legal.

14. August 1972
Alle 148 Passagiere und Besatzungsmitglieder kommen ums Leben, als eine IL 62 der DDR-Interflug kurz nach dem Start in Berlin-Schönefeld über Königs-Wusterhausen abstürzt.

26. August – 11. September 1972
Arabische Terroristen überfallen in München das Quartier der israelischen Olympiamannschaft, töten Sportler und nehmen Geiseln. Der Befreiungsversuch der Polizei endet in einem Drama. Sportlich macht vor allem der US-Schwimmer Mark Spitz Schlagzeilen. Er gewinnt 7 Goldmedaillen.

28. Juli 1973
In Berlin beginnen die X. Weltfestspiele der Jugend und Studenten. Die DDR-Hauptstadt zeigt sich in diesen Tagen ungewöhnlich tolerant und fröhlich. Selbst die Trauerfeierlichkeiten für den am 1. August verstorbenen Walter Ulbricht werden um eine Woche verschoben, um das Fest nicht zu stören.

11. September 1973
In Chile wird mit einem bewaffneten Putsch die demokratisch gewählte Regierung unter Salvador Allende gestürzt. Die DDR nimmt in den folgenden Monaten viele politische Emigranten aus Chile auf.

Milchschokolade aus dem VEB Rotstern im thüringischen Saalfeld.

Plötzlich schmeckte uns das Essen der Kindheit nicht mehr. Grießbrei, Milchreis und Kompott wurden von der Speisekarte gestrichen. Wir verlangten größere Fleischportionen und wagten uns an gewürzte Speisen heran. Großspurig probierten wir Bohnenkaffee aus, um das bittere Getränk umgehend zurückzuweisen. Die Kinderzahncreme „Putzi" verschwand aus dem Badezimmer und wurde durch Zahnpasta für Erwachsene ersetzt, „Rot-weiß" oder „Chlorodont". Unser Aktionsradius wurde größer. Mit unseren Freunden und Kumpels eroberten wir mit aufgemotzten Fahrrädern die benachbarten Stadtviertel, auch Stadtbezirke genannt.

Für die Erwachsenen, allen voran unsere Eltern, waren wir in dieser Zeit sicher anstrengend und schwer berechenbar.

Auf dem Lande durften wir mit den Bussen am Abend aus dem Kino im

Tausende Zuschauer im Schwimmstadion Leipzig. 2004 wurde es abgerissen.

Nachbardorf oder aus der Kreisstadt nach Hause fahren. 21.00 Uhr, im Ausnahmefall sogar 22.00 Uhr, waren für uns mit zwölf oder dreizehn Jahren die letzten Fristen fürs Nachhausekommen.

Unsere Eltern erwarteten jetzt, dass wir uns regelmäßig an den Hausarbeiten beteiligten. Staub saugen, Schuhe putzen, die Treppe machen, Abwaschen und Abtrocknen, den Müll herunterbringen, Wäsche abnehmen … Hinzu kam, dass wir beim täglichen Einkaufen halfen und die vollen Netze und Taschen von der Kaufhalle nach Hause schleppten.

Endlose acht Stunden

In der Schule wurde es ab der fünften Klasse für uns ernster und sie bestimmte mehr und mehr unseren Tagesablauf. Am Ende der Ferien, kurz vor Beginn eines neuen Schuljahres war es üblich, die aktuellen Bücher zu kaufen. Neugierig und mulmig zugleich wurde uns, hatten wir die Bücher der neuen Fächer in den Händen. Biologie, Geografie, Geschichte und Russisch kamen ab der Fünften hinzu. Es folgte in der sechsten Klasse Physik und ab der siebenten

Klasse standen noch Chemie, Staatsbürgerkunde und Technisches Zeichnen sowie die Fächer ESP und UTP neu auf unseren Stundenplänen. ESP = Einführung in die sozialistische Produktion, UTP = Unterrichtstag in der Produktion. Auch die zweite Fremdsprache kam hinzu – für die meisten Englisch, wenige lernten Französisch. Wir verbrachten jetzt die Tage oft bis zum Nachmittag in der Schule. Regelmäßig aßen wir in der Schule zu Mittag, wobei wir für das Essen, das meist in grünen Kübeln aus Großküchen angeliefert wurde, häufig nur das harte Wort Fraß übrig hatten.

Für den UTP-Unterricht zogen
wir uns blaue Kittel an.

Das Fach Mathematik, am Anfang noch Rechnen genannt, hatten wir ab der ersten Klasse. Was uns die im ganzen Land einheitlichen Lehrpläne für die Polytechnischen Oberschulen, besonders in Mathematik, jetzt von Klassenstufe zu Klassenstufe zumuteten, überforderte manche von uns. Für andere waren dagegen Fächer wie Deutsch und Geschichte ein Graus. Sie fürchteten sich vor den Deutschstunden, Klassenaufsätze waren höchste Strafe und viele wurden rot im Gesicht, wenn ein Gedicht vor der Klasse vorzutragen war.

Unsere Noten in einem Fach hatten oft etwas mit dem Lehrer zu tun. Konnte der uns begeistern und fand einen Draht zu uns, so wuchsen wir über uns hinaus. So kam es, dass wir in Chemie die Elemente aus dem Tafelwerk nur deshalb vorbildlich lernten, weil die Lehrerin nicht nur toll aussah, sondern auch faszinierend von den Geheimnissen der modernen Chemie erzählen konnte.

Stars aus der CSSR: Helena Vondrackova und Jiri Korn.

Schlagerderby contra Heinz, der Quermann

Ab der sechsten oder siebten Klasse erfasste uns eine Leidenschaft, die Musik. Damals hauptsächlich in den Spielarten Rock, Pop und Schlager. Wir entschieden uns zeitig für eine Richtung, je nach Temperament und Widerstandskraft der Gehörgänge. Musiklieferant Nr. 1 war in dieser Zeit das Radio. Und so tobte Anfang der siebziger Jahre an jedem Montagabend nach 20.00 Uhr nicht nur der Klassenkampf zwischen den beiden deutschen Staaten im Äther, sondern auch der musikalische Richtungsstreit. Wer von uns mehr auf Pop stand, der hörte das Schlagerderby im Deutschlandfunk mit dem Moderator Karl-Ludwig Wolf. Schon die Erkennungsmusik, „Apollo flight" von der Boston Show Band war ein Kracher. Mit unserem Mini-Empfänger Kosmos oder dem Kofferradio unserer Eltern rannten wir im Zimmer umher, um den besten Mittelwellenempfang zu erhaschen.

Weiche Einstiegsdroge zur Musik –
die Les Humphries Singers.

Während sich die Mädchen nach den Titeln von David Cassidy (ja, der internationale Teeniestar aus der Serie „The Partridge Family") geradezu verzehrten, standen wir Jungs mehr auf die schön lauten und schrillen Songs von „The Sweet" wie Block Buster, Hell Raiser oder Ballroom Blitz. Vordere Plätze erreichten auch Bernd Clüver mit „Der Junge mit der Mundharmonika", das ungemein fetzige „How Do You Do" der Gruppe „The Windows", Roberto Blancos „Der Puppenspieler von Mexico" sowie die Gruppen „Middle Of The Road" und die „Les Humphries Singers". Mit Frank Schöbel und seinen Hits „Wie ein Stern" und „Nur wer das Feuer kennt" gab es den einzigen Vertreter der DDR-Musik im Schlagerderby dieser Jahre.

Von der anderen Seite donnerten, ebenfalls montags kurz nach 20.00 Uhr, bei Radio DDR 1 die Pauken des Vorspannes der Schlagerrevue. Moderator war Heinz Quermann, gern auch der Talente-Vater der Schlagermusik im Osten genannt. Wer sich hier einschaltete, konnte Monika Hauff & Klaus Dieter Henkler, Chris Doerk, Monika Herz, Hartmut Schulze Gerlach (Muck), Aurora Lacasa sowie auch Frank Schöbel hören. Internationale Töne, zumindest aus östlicher Richtung, brachten Jiri Korn, Vaclav Neckar, Ivica Serfezi und Zsuza Koncz in die Sendung.

Wir entdecken unseren Körper

Es war nicht mehr zu übersehen. Aus ungelenken, noch unproportionierten Mädchen wurden grazile junge Frauen, etwas später wurden aus uns Burschen knochige Jünglinge mit markanteren Gesichtszügen. Wir Jungs beobachteten nicht ohne Stolz unsere zunehmende Behaarung um die Körpermitte herum. Auch das Wachstum des primären Symbols der Männlichkeit war enorm wichtig. Da wurde sich schon mal unter der Dusche oder in der Umkleidekabine gegenseitig begutachtet und verglichen. Mit ähnlicher Spannung verfolgten wir Jungs die optischen Wandlungen der Mädchen in unserer Umgebung. Welche hatte die deutlichsten Ansätze einer weiblichen Brust, welche den knackigsten Po und welche die schönsten Beine? Viele Mädchen waren von ihrer ersten Periode freudig überrascht. Wir Jungs rückten eines Tages dem Flaum an unserem Kinn mit dem Rasiermesser zu Leibe oder mit dem von Vati geborgten elektrischen Rasierer der Marke „bebo sher" aus dem VEB Bergmann Borsig. Unsere vormännlichen Stimmen krächzten plötzlich, taumelten zwischen den Oktaven, bis wir eines Morgens die ersten tiefen Laute nach überstandenem Stimmbruch hervorbrachten.

Parallel zu den körperlichen Veränderungen wuchsen unsere Neugier und Lust auf das jeweils andere Geschlecht. Der mehr oder weniger offen praktizierte Anschauungsunterricht, etwa durch kurze Blicke in den Mädchen-Umkleideraum oder in die Zelte der Mädchen bei der Klassenfahrt reichte uns Jungs nicht mehr aus. Wie fühlt sich so eine wunderbar anzuschauende Brust denn wirklich an? Was spüre ich, wenn ich einen Jungen auf den Mund küsse, fragte sich dagegen so manches Mädchen.

Das Fernsehen erobert unser Leben

Mit elf, zwölf und dreizehn Jahren stand Professor Flimmrich mit seinen spannenden Filmen, die es immer am Samstag ab 14.45 Uhr zu sehen gab, auf der Beliebtheitsskala ganz oben. „Mach mit, mach's nach, mach's besser" lief an den Sonntagen ab 10.00 Uhr, eine Sport- und Spiel-Show mit Adi, der Gerhard Adolph heißt. Außerdem waren wir Fans einer untypischen DDR-Sendung. Die Werbespots hießen „tausend tele tips" und wurden in den Siebzigern aus Mangel an Produkten, die man in einer Planwirtschaft anpreisen konnte, aus dem Programm gestrichen. Einer der letzten beworbenen Konsumartikel war Sauerkraut.

Am 3. Oktober 1969 sendete der Deutsche Fernsehfunk (ab 1972 Fernsehen der DDR) das erste Mal in Farbe in seinem neuen 2. Programm. Gemeinsam mit den Eltern durften wir jetzt Montag-

Der Herr der Rumpelkammer –
Willi Schwabe.

abend „Willi Schwabes Rumpelkammer" sehen. Wenn der freundliche ältere Herr zur Melodie „Tanz der Zuckerfee" aus Tschaikowskis „Der Nussknacker" mit der Petroleumlampe in der Hand den Dachboden bestieg, dann freuten wir uns auf wunderbar schnulzige Ausschnitte aus alten deutschen Filmen. Gern wollten wir auch den 1971 erstmals gesendeten „Polizeiruf 110" erleben, von dem es bis zum Ende der DDR über 140 Folgen gab. Ob uns das angesichts der gezeigten Verbrechen erlaubt wurde, hing von der Toleranz der Eltern ab. Dagegen konnten wir bei „Tele-Lotto – 5 aus 35" sonntags ab 19.00 Uhr unbeanstandet neben unseren Eltern auf der Couchgarnitur vor dem Fernseher sitzen.

Waren unsere Eltern einmal abends länger weg, im Theater oder im Kino, dann schlug unsere verlängerte heimliche Fernsehstunde. Wir schauten uns Krimis an. Leider hatten wir die Rechnung ohne die damalige Fernsehtechnik gemacht. Kamen unsere Eltern nach Hause, konnten sie leicht mit einer Hand am noch warmen Gerät feststellen, dass wir die Kiste erst kurz zuvor ausgeschaltet hatten.

Herricht & Preil und das Mücken-Tötolin –
über ihre Witze konnten auch wir herzhaft lachen.

August 1973. In Leipzig am Brühl wird gegenüber dem Konsument-Warenhauses („Blechbüchse") eine neue Fußgängerbrücke eingeweiht.

Sturmfreie Bude

Aufregend waren die ersten gemischten Feten. Jungs und Mädchen trafen sich bei einer oder einem aus der Klasse. Voraussetzung: Die Eltern waren im Urlaub oder übers Wochenende weg. Sturmfreie Bude hieß die elternfreie Wohnung dann. Solche Feiern begannen für uns 13- oder 14-Jährige am frühen Abend. Zu Essen gab es, was wir auf die Schnelle und mit wenig Geld organisieren konnten. Meist Nudelsalat mit Bockwurst oder Spaghetti mit Tomatensoße. An Getränken bevorzugten wir Cola, Eierlikör, schon manchmal süßen Wein oder klebrigen Wermut. Irgendwie, zu vorgerückter Stunde, ergab es sich dann, dass wir uns mit einem Mädchen allein in einem Zimmer mit sehr wenig oder gar keinem Licht wiederfanden. Das hatten wir uns eigentlich erträumt. Jetzt aber schlug uns das Herz bis zum Halse, wir bekamen feuchte Hände, die Stimme zitterte und so richtig wussten wir mit der herbeigesehnten Zweisamkeit nichts anzufangen. Dennoch; ein scheuer, zarter, erster Kuss. Später dann, in den Erzählungen unter uns Kerlen, wurde daraus natürlich eine „wilde Knutscherei".

Familienurlaub macht nicht immer gute Laune.

11. bis 14. Lebensjahr

Zwischen Liebe und Zorn

„Sie" und Personalausweis

Unsere Jugendweihe war eine Feier zwischen Stolz und Peinlichkeit. Mit 14 Jahren, mit dem Abschluss der achten Klasse, wurden wir, wie es so schön hieß, in den Kreis der Erwachsenen aufgenommen. Fortan musste man uns pro forma mit „Sie" anreden. Die Einzigen, die sich daran hielten, waren unsere Lehrer. Der Rest der Welt sagte weiter du zu uns. Mit 14 bekamen wir auch unseren ersten Personalausweis, den wir sogar ein wenig ehrfürchtig entgegennahmen.

Fast zeitgleich zur Jugendweihe wurden die meisten Mitglieder der FDJ. Seit dem 10. Januar 1974 war Egon Krenz der neue Vorsitzende der Freien Deutschen Jugend. Einige unseres Jahrgangs verweigerten sich aus religiösen oder politischen Gründen diesem Einheitsschritt und wurden in den folgenden Jahren

Chronik

7. Mai 1974
Bundeskanzler Willy Brandt tritt zurück.

7. Juli 1974
Die Mannschaft der Bundesrepublik wird im eigenen Land Fußball-Weltmeister. Während des Turniers, am 22. Juni, besiegt die DDR-Mannschaft in Hamburg durch ein Tor von Jürgen Sparwasser den späteren Weltmeister.

27. April 1975
Die ersten Arbeiter aus der DDR fahren zur Drushba-Trasse in die Sowjetunion.

1. August 1975
Die KSZE-Schlussakte wird in Helsinki auch von der DDR unterschrieben. Fortan berufen sich viele Bürgerrechtler der DDR auf die vereinbarten Menschenrechte.

1. April 1976
Steve Jobs, Steve Wozniak und Ron Wayne gründen in Kalifornien die Firma Apple.

23. April 1976
In Berlin wird der Palast der Republik eröffnet. Trotz spöttischer Bezeichnungen wie „Erichs Lampenladen" wird das Haus wegen seiner kulturellen Angebote, der Diskotheken und der vergleichsweise preiswerten Restaurants von der Bevölkerung viel besucht.

25. Juni 1977
In Dresden wird mit dem Aufbau der im Zweiten Weltkrieg zerstörten Semperoper begonnen.

1. Juli 1977
In der DDR bricht die Kaffeekrise aus. Wegen des Anstieges der Weltmarktpreise für Rohkaffee kommt ein Kaffee-Mix in die Läden, rasch auch „Erichs Krönung" genannt. Die mit Malzkaffee, Rüben und sogar Erbsenmehl gestreckte Mischung führt zu heftigen Unmutsäußerungen, volkseigene Kaffeemaschinen verstopfen und stellten den Dienst ein. Im September importierte die DDR für 300 Millionen Dollar wieder echten Kaffee.

26. August 1978
Der DDR-Kosmonaut Siegmund Jähn nimmt als erster Deutscher an Bord des sowjetischen Raumschiffes Sojus 31 an einem Flug in den Weltraum teil.

Unsere Jugendweihe – großer Tag zwischen verordneter Feier und ausgelassenem Familienfest.

in vielerlei Hinsicht in der DDR benachteiligt, zum Beispiel bei der Auswahl zur Erweiterten Oberschule oder bei der Zulassung für ein Studium.

Der Tag der Jugendweihe begann mit einem Festakt, meist in einem größeren Saal. Unsere Eltern und Verwandte sahen zu, wie wir nach den langatmigen offiziellen Reden und dem Gelöbnis zusammen mit unseren Klassenkameraden auf die Bühne gerufen wurden und das Buch „Weltall, Erde, Mensch" überreicht bekamen. Die Mädchen hatten zumeist dunkle Röcke an, kombiniert mit brav anzuschauenden weißen Blusen mit Puffärmeln und Rüschen. Wir Jungs standen ungelenk in unserem ersten Anzug aus der Chemiefaser Präsent 20 herum, hatten sogar Schlips oder Fliege angelegt und fühlten uns trotz der überreichten Blumensträuße nicht ganz wohl.

Am Nachmittag starteten die großen Feiern im Familien- und Verwandtenkreis. Zuvor gab es Geschenke. Bei der Jugendweihe wurde nicht geknausert und so erhielten wir nicht selten unseren ersten Kassettenrecorder der Marke „Sonett" (545,– Mark!), viel Geld als Anzahlung für ein Moped (durften wir mit 15 Jahren fahren) oder eine teure Reise nach Ungarn. Das Fest zu Ehren des Jugendweihelings näherte sich in seinen Dimensionen auf dem Lande oft einer mittleren Dorfhochzeit. Die Erwachsenen boten uns an diesem Jugendweihe- abend zum ersten Mal ganz offen Wein, Bier oder gar Schnaps an. Mit den Folgen hatten wir am nächsten Morgen allein zu kämpfen.

Gemischte Gefühle

Inzwischen hatte uns die hormongetriebene Pubertät voll im Griff. In uns tobte eine ungeheure und unausgeglichene Energie. Wir schwankten – egal ob weiblich oder männlich – zwischen überschäumender Lebenslust, Traurig- keit, Wut oder überbordender Liebe. Entsprechend breit gefächert waren unsere neuen Aktivitäten. Wir gingen zum Fußballspielen in die vielen Betriebssportgemeinschaften. Die hießen meist Rotation, Vorwärts, Energie, Turbine oder Traktor. Oder wir hingen einfach nur herum.

Ein Gesicht, das Bände spricht.

Gemeinsam und mit gemischten Gefühlen besuchten wir angehenden Frauen und Männer die ersten Tanzkurse und vorwiegend die Mädchen schlossen sich einem Singeklub an. Da wir mit 14 Jahren die vorletzte Hürde der Altersbeschränkungen für Kinobesuche übersprungen hatten, tummelten wir uns jetzt auch in den Abendvorstellungen und natürlich waren die Diskotheken am Freitag- und Samstagabend unser neuer bevorzugter Treffpunkt.

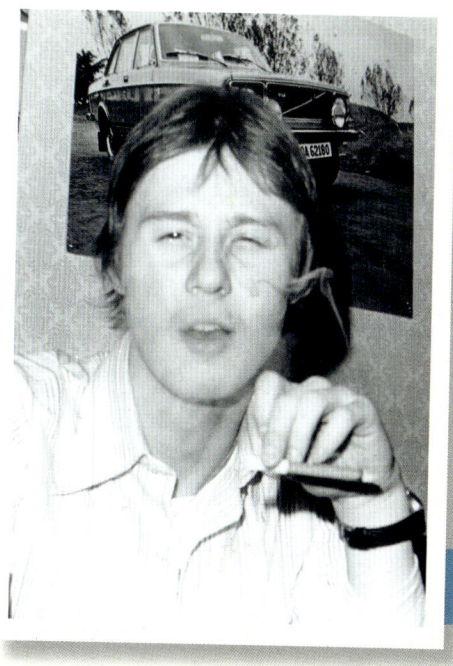

Bode-Spitzen – harter Tobak für Jünglinge.

Die Genüsse der Erwachsenen

Die einen von uns inhalierten ihren ersten Zug aus der Zigarette mit 14 Jahren, die anderen nahmen den ersten kräftigen Schluck zu ihrem 16. Geburtstag. Die meisten des Jahrganges 1960 haben zwischen Jugendweihe und Volljährigkeit die Bekanntschaft mit den zwei legalen Drogen Alkohol und Tabak gemacht. Nippten wir mit 14 Jahren noch unter Aufsicht unserer Eltern zaghaft am Eierlikör-Glas, so verschafften wir uns nach und nach und diesmal ohne Aufsicht die etwas härteren Sachen. In Club- oder Vita-Cola mischten wir Lunikoff-Wodka oder Altenburger Klaren. Wir probierten die Modegetränke der Mittsiebziger wie Timms Saurer, Apfelkorn und Korn Sour. Kein Wunder, dass unser Körper bei dem Durcheinander an Alkoholika manchmal kapitulierte und wir uns einfach übergeben mussten. Schon damals galt leider, wer raucht, wirkt erwachsener, wer qualmt, ist lockerer drauf. Also versuchten wir uns mit der Zigarette auf der Straße älter und cooler zu zeigen, als wir es waren. Marken wie Juwel, wohlgemerkt, die alte Juwel, Cabinet, F 6, Semper, Club und vor allem Karo waren unsere Renner. Zigaretten der Marke Karo hatten keinen Filter und kosteten nur 1,60 Mark die Schachtel, während die Mittelklasse der Glimmstängel in der DDR wie Cabinet und Semper für einheitlich 3,20 Mark zu haben war.

Deep Purple in der legendären Besetzung Mark II.

Rock, Pop und manchmal Schlager

Die Rock- und Popmusik brach als Urgewalt in unser Leben ein. Egal wie, wann und wo, wir hörten so oft es ging „unsere" Gruppen. Im DDR-Rundfunk, bei Sendungen wie der Beatkiste, der Notenbude und Duett, beim Jugendstudio DT 64, bei „Vom Band fürs Band" am Samstagabend bei Stimme der DDR oder in der Musikalischen Luftfracht. Auf rauschender und zirpender Kurz- oder Mittelwelle lauschten wir bei Radio Luxemburg am Samstag „Die großen acht". Wir waren besonders im Berliner Raum aufgeregt, wenn beim RIAS Lord Knud die „Schlager der Woche" zelebrierte.

Mit unseren störanfälligen Geräten der Marken Anett, Sonett und Stern-Recorder nahmen wir jede Musik auf, die nur einigermaßen klang. Gespeichert wurde auf die mit 20 Mark unverschämt teuren Kassetten. Wir standen uns die Beine in den Bauch für eine so genannte Lizenzplatte bei Amiga oder um eine Hallo-Ausgabe für 16,10 Mark zu ergattern. Wir besuchten die Konzerte unserer bevorzugten Bands aus der DDR. Unsere Leidenschaft galt jedoch den Supergruppen und Showtypen jener Jahre aus England und den USA. Zwischen den Fans der musikali-

schen Richtungen und Bands entwickelten sich wahre Glaubenskriege. Die einen hielten Ritchie Blackmores Gitarrenriff aus dem Deep-Purple-Hit „Smoke on the water" für das Bedeutendste, die anderen ließen nichts über den Anfang von Jethro Tulls „Aqualung" kommen, während die Nächsten das geniale Zusammenspiel von Robert Plant und Jimmy Page bei Led Zeppelin für das einzig Wahre hielten. Bei den bundesdeutschen Rockern standen wir besonders auf Udo Lindenberg und auf „Ton, Steine, Scherben". Offen waren wir auch für die damals noch ungewöhnlichen Klänge der elektronisch erzeugten Musik der Gruppe „Kraftwerk". Der deutsche Schlager hatte es schwerer, sich bei uns mehrheitlich bemerkbar zu machen, egal, ob aus dem Osten oder dem Westen. Was für uns 60er bleibt, sind unvergessliche Hits, Songs und Alben in unwiederholbaren Situationen. Kuschelige Stunden mit dem Pink-Floyd-Sound von „Dark Side of the Moon", prickelnde Minuten bei „Lady in Black" von Uriah Heep, eine durchgemachte Nacht mit den Klangteppichen von Genesis oder der Musik des Dreifachalbums „Welcome back" von Emerson, Lake and Palmer.

Schulwege

Im Sommer 1974 beendeten die Ersten unseres Jahrganges die Schule. Allerdings waren es wenige, die nach der achten Klasse eine Lehre begannen, um danach nach unseren Maßstäben ordentlich Geld zu verdienen. Die meisten von uns verbrachten zwei weitere Jahre auf der POS (Polytechnischen Oberschule), die sie nach der zehnten Klasse beendeten, während die Begabteren und Fleißigeren unter uns noch vier Jahre auf der EOS (Erweiterte Oberschule) vor sich hatten, bevor sie mit dem Abitur und als 18-Jährige zumeist ein Studium begannen. Glück hatten wir 60er, dass der umstrittene Wehrkundeunterricht in der DDR erst ab dem 1. September 1978 eingeführt wurde. Ab der neunten Klasse fielen wir durch bewusst zur Schau gestellte Schnoddrigkeit und Lässigkeit auf.

Die Prüfungen am Ende der zehnten Klasse oder für das Abitur waren für uns die ersten großen intellektuellen Bewährungsproben im Leben. Nächtelang versuchten wir jetzt das nachzuholen, was wir in den vergangenen Monaten träumend im Unterricht verpasst hatten oder was wir, siehe Mathematik und Physik, einfach nicht begreifen konnten. Nützte das alles nichts, wurde gespickt. Eng beschriebene Zettelchen zwischen den Beinen waren der Klassiker, der aber meist von den Lehrern entdeckte wurde. Gewieftere schrieben in das bei Prüfungen erlaubte Tafelwerk mit hartem Bleistift die erwarteten Lösungen hinein und radierten sie dann aus. Übrig blieb ein schwach lesbarer Abdruck. In Lineale ritzten wir mit dem Zirkel wichtige Infos und auf der Toilette wurde rasch auf die dort versteckten Papiere geschaut.

Wir bildeten uns ein, die Lehrer könnten wir locker austricksen. Dabei kannten sie die meisten unserer für todsicher geglaubten Tricks bestens, oft aus der eigenen Schulzeit. Vielleicht wurden wir auch deshalb so wenig beim Spicken erwischt, weil die lebensklügeren unter den Lehrern uns die Peinlichkeit des Ertappens und die disziplinarischen Folgen ersparen wollten.

Lehrlinge und Studenten

Egal, ob nach der zehnten Klasse oder dem Abitur – der letzte Schultag wurde von uns lautstark und feuchtfröhlich mit Umzügen durch die Straßen gefeiert. Sorgen um eine Lehrstelle mussten wir uns nicht machen.

Man bekam zwar nicht unbedingt die gewünschte Fachrichtung, aber irgendeine Lehrstelle war immer frei. Nach bestandenem Abi konnten so gut wie alle studieren. Um die begehrten Mediziner-Plätze an den Universitäten gab es Rangeleien, an den Kunst- und Theaterhochschulen musste ein Eignungstest bestanden werden und auch vor anderen Studiengängen wurde ausgesiebt. Ein angehender Lehrling des Geburtsjahrganges 1960 sehnte sich je nach Geschlecht nach einer Ausbildung zur Friseuse, zur Einzelhandelskauffrau oder zum Kfz-Mechaniker. Die meisten von uns lernten Elektrofacharbeiter, Baufacharbeiter oder Zerspanungsfacharbeiter.

Als Lehrlinge wohnten wir entweder zu Hause bei den Eltern und gaben ein paar Mark von unserem Lehrlingsgeld als Kostgeld ab. Oder wir verbrachten die Abende in der Woche in einem der über das ganze Land verstreuten und meist

Nach einer anstrengenden Lehrlingsschicht erholten wir uns in einer Freiluftgaststätte, inklusive Kofferradio auf dem Tisch.

tristen Lehrlingswohnheime. Die Abkürzung BMSR – Betriebsmess-, Steue-
rungs- und Regelungstechnik – war für uns Lehrlinge kein Geheimnis. Neben der
Grund- und Spezialausbildung für unseren künftigen Beruf sah der Lehrplan
weitere Fächer wie Staatsbürgerkunde, Betriebsökonomie und sozialistisches
Recht vor. Und zuletzt waren wir als Lehrlinge diejenigen, die stundenlang die
blödesten und stupidesten Arbeiten ausführen mussten. In der Werkhalle waren
wir häufig mit dem Besen anzutreffen. Oft wurden wir erst dann geschätzt, wenn
wir bei den Brigadefeiern die alteingesessenen Kollegen mit Bratwürsten und
Bier ordentlich bedienen konnten.

Ausgewiesen

*Gehüteter Schatz: Eine Autogrammkarte
von RENFT mit Originalunterschriften.*

*Die Texte, die Sie mir übergeben haben,
haben mit der sozialistischen Wirklichkeit
keine Übereinstimmung. Und wir sind der
Auffassung, daß damit die Gruppe Renft
als nicht mehr existent anzusehen ist."*
Diese Äußerungen einer linientreuen
Kulturfunktionärin aus Leipzig am 22.
September 1975 bedeutete für die sechs
Musiker der Renft-Combo Berufsverbot mit
schlimmen Folgen. Die anarcho-intelligen-
ten, teilweise subversiven Texte von RENFT
hatten der Partei zu schaffen gemacht. Titel
wie „Zwischen Liebe und Zorn", „Der
Apfeltraum" und „Wer die Rose ehrt" waren
Hits in der DDR. Nach dem Verbot reiste
Klaus (Renft) Jentzsch nach Westberlin
aus.

Zwei weitere Bandmitglieder, Christian
Kunert und der Texter Gerulf Pannach,
konnten erst nach neun Monaten Gefäng-
nis 1977 zusammen mit Jürgen Fuchs die
DDR verlassen. Gitarrist Peter „Cäsar"
Gläser und Schlagzeuger Jochen Hohl
spielten in der neu gegründeten Band
„Karussell". Während die Zerschlagung
von RENFT noch wenig solidarische

Bewegung in die DDR-Kulturszene
brachte, brodelte es im November 1976
nach der Ausbürgerung von Wolf Biermann
besonders unter Musikern, Schriftstellern
und Schauspielern.

Biermann, der schon mehrere Jahre mit
Publikations- und Auftrittsverbot belegt war,
trieb die SED-Oberen mit seinem Konzert
am 13. November in Köln endgültig zum
Handeln. Künstler und Intellektuelle
protestierten in einer Erklärung gegen die
kalte Ausbürgerung Biermanns, darunter
Stefan Heym, Jurek Becker, Heiner Müller
und Stefan Hermlin. Auch Manfred Krug
unterschrieb. Seine Bekanntheit und
Beliebtheit in der DDR konnten ihn nicht vor
dem Zorn der Funktionäre retten. Auch er
verließ das Land und ging nach Westberlin.

Jeans, Moped und Rockmusik

Unsere Freizeit war abwechslungsreich und spannend. Mit Eltern und Geschwistern zogen jetzt viele von uns in die riesigen Neubaugebiete. Oft war im Plattenbau sogar Platz für ein eigenes Zimmer. Die Wände tapezierten wir mit Postern, auf dem Regal reihten wir die Bierbüchsen von Westbrauereien auf, während Plattenspieler, Radio und Kassettenrecorder Ehrenplätze hatten. Enorm wichtig für unser Image war unsere Kleidung. Jeans mussten sein. Im besten Fall Levi's, Lee oder Wrangler. Im Normalfall Boxer oder Wisent, die Niet(en)hosen aus DDR-Produktion. An den Füßen trugen wir Jesuslatschen oder braune Tramper, sommers wie winters schützten wir uns mit einem grünen Parka. Die Gruppierungen nannten sich Tramper, Rocker, Blueser oder Kunden. Genaue Unterscheidungen fielen selbst uns schwer.

Übers Wochenende kurvten wir mit unseren Mopeds der Marken Star, Habicht oder Schwalbe durch die Straßen oder wir trampten mal rasch zur Disko ins Nachbardorf oder in die Kreisstadt. Der „Schallplattenunterhalter" sollte theoretisch Musik im Verhältnis 60 zu 40 zwischen Ost- und Westtiteln auflegen. Electra, Lift, Stern-Combo Meißen, City, Karat, die Puhdys und Renft sowie nach deren Verbot Karussell waren die Zugnummern aus dem eigenen Land. Zartere Gemüter bevorzugten Bayon oder Veronika Fischer samt Band, die Blueser liebten Stefan Diestelmann und Jürgen Kerth während der gesungene Ulk bei MTS bestens aufgehoben war.

Unsere wirklichen Heroen aber waren Bands und Sänger aus England oder den USA. Jethro Tull, Pink Floyd, Emerson, Lake and Palmer, Santana, Cat Stevens und Procol Harum sowie die härteren Vertreter wie Deep Purple, Led Zeppelin, Uriah Heep und Alice Cooper. Unser Taschengeld besserten wir durch Ferienjobs auf. Wir gingen zur Post „Pakete bumsen", d.h. wir sortierten oder stapelten in den Kaufhallen für ein paar Mark die Pfandflaschen ein.

Berlin!

Eine Klassenfahrt in die bevorzugte Hauptstadt Berlin war für uns ein Erlebnis. Wer vom Lande oder aus der Kleinstadt kam, fühlte sich vom Flair der Millionenstadt angezogen. Es gab ungezählte Gaststätten und Kneipen, die Geschäfte schienen uns bunter und die Auslagen voller, die Typen in den U- und S-Bah-

Weit kam man damit nicht. Der Reiseantrag galt nur für die „sozialistischen Bruderländer".

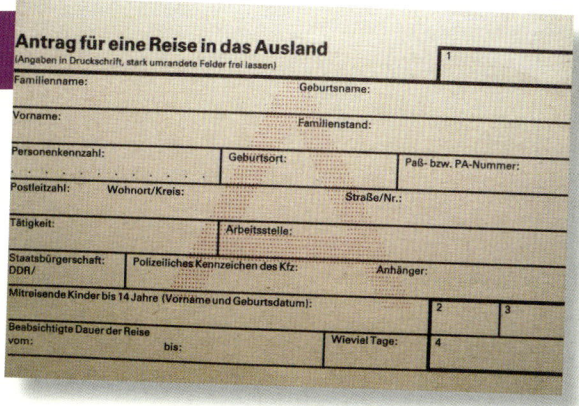

Antrag für eine Reise in das Ausland
(Angaben in Druckschrift, stark umrandete Felder frei lassen)

Familienname:		Geburtsname:	
Vorname:		Familienstand:	
Personenkennzahl:		Geburtsort:	Paß- bzw. PA-Nummer:
Postleitzahl:	Wohnort/Kreis:		Straße/Nr.:
Tätigkeit:		Arbeitsstelle:	
Staatsbürgerschaft: DDR/	Polizeiliches Kennzeichen des Kfz:		Anhänger:

Mitreisende Kinder bis 14 Jahre (Vorname und Geburtsdatum):

Beabsichtigte Dauer der Reise
vom: bis: Wieviel Tage:

nen waren definitiv verrückter als in der DDR-Provinz. Selbst die Flüsse waren in Berlin irgendwie sauberer als die von Umweltverbrechen schaumlila geschundenen Gewässer etwa in Sachsen oder um Bitterfeld. Und Berlin hatte diese gefühlte Nähe zur

In Berlin kam uns die Welt bunter und weniger eng vor.

weiten Welt. Neugierig und beklommen näherten wir uns der Mauer und schauten aus der Sicherheitsentfernung zum Brandenburger Tor und auf die nahen, aber unerreichbaren Lichter des Westens.

Kinderferienlager oder FDGB-Urlaub mit den Eltern reizten uns jetzt nicht mehr. Endlich allein in den Urlaub. Natürlich nicht ganz allein, denn meist fuhren wir Jungs mit Freunden, die Mädchen waren mit ihresgleichen unterwegs. Endlich redete uns keiner mehr rein, es gab (fast) keine Vorschriften und Zeit hatten wir scheinbar im Überfluss. Meist schliefen wir bis Mittag und hingen am Nachmittag rum, um dann umso länger in den Nächten am Lagerfeuer durchzuhalten. Und so ergaben sich für uns unter den Zeltdächern des kleinen Landes DDR die ersten ernsthaften Kontakte mit Mädchen oder Jungen. Wer am Morgen danach auf seiner Luftmatratze und neben einem schönen Mädchen aufwachte, der konnte sein Glück kaum fassen.

In der DDR-Provinz sah es in den 70er-Jahren verheerend aus.

Jugendsprache und Witze Made in GDR

Wenn uns etwas gefiel, dann sagten wir dazu „urst" oder „das fetzt". Hatten wir Hunger, so hatten wir „Knast". „Mach' dir mal 'ne Platte" war nichts anderes als die Aufforderung, sich Gedanken über etwas zu machen. Geld wurde statt umgetauscht nur „umgerubelt". Uns nicht ganz so sympathische Zeitgenossen bezeichneten wir als „Gesichtsfünf", „Hohlroller", „prasseldummes Pförtnerkind" oder einfach „du Eumel".

Die Deutsche Reichsbahn hatte auch Schönes zu bieten – junge Frauen, geboren 1960.

Die Aufforderung, sich zu entfernen, kleideten wir in die Worte „Mach' die Flocke", „Verfatz dich endlich" oder einfach „Verpfeif dich". Sprechverbote erteilten wir mit „Mach´n Kopp zu, es zieht" und „Mach endlich den Schnapper/ Mischer/die Mülltonne zu/dicht", während wir die Frage „Musst du mich dauernd belöffeln" nachschoben.

Für Mädchen und junge Frauen hatten die Jungs solch zarte Ausdrücke parat wie „Schnalle", „Kirsche", „Ische", „Praline" oder „Torte". Sagten wir „beölen" meinten wir, dass wir über etwas besonders lachen konnten. War etwas schmutzig, nannten wir es „verkeimt". Deo-Spray hieß „Nuttendiesel", während wir nach übermäßigem Alkoholkonsum nicht brechen mussten, sondern „nach dem Ulf rufen" gingen.

Wenn uns tatsächlich noch etwas überraschen konnte, äußerten wir, „ich denk', mein Hamster bohnert", „mich streift ein Bus" oder „mein Trecker humpelt". Zu unseren Spezialausdrücken gesellten sich noch eine Menge DDR-typischer Begriffe. Die Fahrerlaubnis waren die „Fleppen", ein Gestellrucksack war eine „Kraxe", statt T-Shirt sagten wir „Nicki" und das östliche Gegenstück zum Hamburger von McDonald's war eine „Grilletta". Wir benutzten für Popcorn die deutsche Version „Puff-Reis". Bestellten wir in der Gaststätte ein Jägerschnitzel, waren wir nicht enttäuscht, wenn eine panierte und gebratene Scheibe Jagdwurst serviert wurde. Neubauwohnungen hießen Arbeiterschließfächer und die vielfach gefürchtete oder verhasste Staatssicherheit wurde, fast schon verniedlichend, auch „Horch und Guck" genannt.

Eine ganz eigene Witzkultur gibt es überall auf der Welt, wo Verbote und Repressalien dem Volk das Leben erschweren. Daher gab es auch in der DDR einen blühenden politischen Witz. Eine kleine Auswahl: Was sind die vier Hauptfeinde des Sozialismus? Antwort: Frühling, Sommer, Herbst und Winter. Was passiert, wenn die Wüste Sahara sozialistisch wird? Antwort: Die ersten zehn Jahre gar nichts, aber dann wird der Sand knapp. Was ist Honeckers Lieblingssportart? Antwort: Bobfahren! Wieso? Links `ne Mauer, rechts `ne Mauer und immer bergab. Und ein wenig direkter; Warum war in der DDR das Klopapier so rau? Antwort: Damit auch der letzte Arsch rot wurde. Wer sind die größten Pechvögel? Antwort: Die sowjetischen Kosmonauten. Fliegen 20-mal um die Erde und landen doch wieder nur in der Sowjetunion.

Turn- und Sportfest 1977 in Leipzig.
Masseninszenierung und Massengaudi.

Wohin trampen wir?

Die bodenständigeren Typen unter uns blieben in den Ferien im Lande, fuhren an die Ostsee, an die Mecklenburger Seen oder hoch ins Erzgebirge oder den Thüringer Wald. Für die von ständigem Fernweh geplagten, bald volljährigen Oberschüler oder Lehrlinge dagegen konnte die Reise nicht weit genug weg gehen. Mindestens und ab 1972 sogar visafrei bis in die benachbarte CSSR. Beliebt waren bei uns die Bierstädte Budweis oder Pilsen, zu denen wir uns per Anhalter durchschlugen. Prag und ein Kneipenbesuch im legendären U-Fleku gehörten ohnehin dazu. Hier traf sich, so kam es uns vor, die halbe DDR. Mutigere nahmen eine bis zu zwei Tagen dauernde strapaziöse Zugfahrt mit der Reichsbahn auf sich und landeten in Ungarn, Rumänien und Bulgarien. Budapest mit seinen bunten Reklamelichtern, Läden mit Jeans und Westplatten und den McDonald's-Buden ließ uns einen Hauch westlicher Freiheit spüren.

Es fehlte aber auch nicht an den deutlichen Hinweisen der ungarischen „Klassenbrüder", dass wir ja nur aus dem Osten Deutschlands kamen. Wer mit ungarischen Forint zahlte, war zweiter Klasse und wurde nicht selten vor einer Gaststätte abgewiesen. Den Bundesbürgern mit ihrer D-Mark standen dagegen alle Türen offen.

Das erste Mal

Zum ersten Mal gehörte oft auch die erste große Liebe. Trotz der üblichen Jagd nach möglichst raschen Erfolgen beim anderen Geschlecht wollten wir schon bald mit jemandem „fest gehen". Das klang gut und steigerte unser Ansehen in der Klasse oder der Clique. Als Zeitspanne für eine dauerhafte Beziehung veranschlagten wir damals mehrere Wochen oder gar Monate. Enorm viel, dachten wir.

Das Kribbeln im Bauch bei den ersten Berührungen mit der oder dem Auserwählten war unbeschreiblich, der erste längere Kuss mit der Liebsten riss uns in einen Strudel aus Lust und entfesselte die Vorfreude auf mehr und intimeren Körperkontakt. Nicht immer klappte es dann mit der festen Freundin oder dem festen Freund auch wirklich auf Dauer. Wichtig für das Ansehen war damals, wer mit wem Schluss gemacht hatte. Für uns Kerle war es eben besser, wenn man nicht Knall auf Fall von einem Mädchen verlassen wurde, sondern überheblich sagen konnte, dass man mit ihr selber Schluss gemacht hatte. Selbst wenn unser erster Sex aus Unerfahrenheit und mangelndem Einfühlungsvermögen selten die absolute Erfüllung bot, das erste Mal bleibt unvergessen.

Endlich 18

In den letzten Monaten vor unserem 18. Geburtstag ließen wir es jetzt immer öfter „krachen", sprich, wir lebten alles mit übergroßer Intensität aus. Wir feierten die Nächte bis zum Morgengrauen durch, wir betranken uns öfter, als es uns guttat, Musik wurde grundsätzlich an der Grenze zum Hörsturz genossen und häufig verloren wir uns ohne Netz und doppelten Boden in unseren Liebes-abenteuern. Kurz vor unserer Volljäh-rigkeit hatten wir die deutlicher

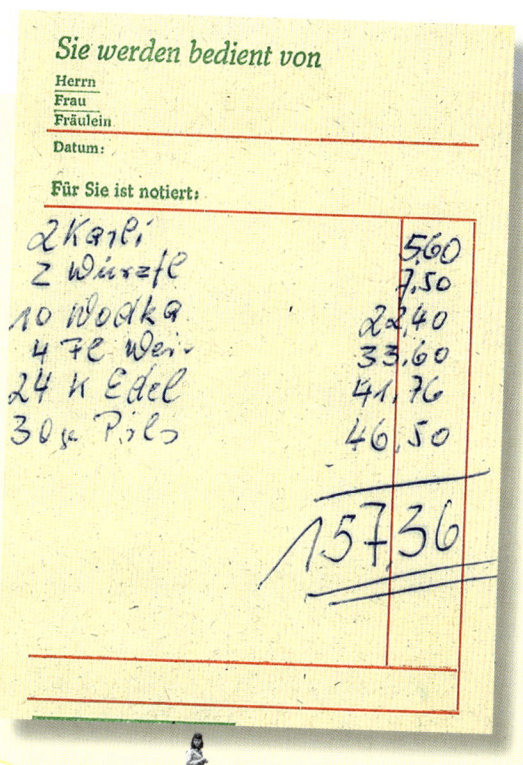

werdende Gewissheit, dass solch eine unbeschwerte Zeit im Leben wohl nie wiederkommen würde.

Das Ende der Lehrlingszeit war absehbar, die Termine für die Abiturprüfungen standen fest. Danach begann für viele junge Männer unter uns die ungeliebte, ja gehasste Pflichtzeit bei der NVA. Auf die jungen Frauen des Jahrganges 1960 wartete der mehr oder weniger spannende Berufsalltag in Büros, volkseigenen Betrieben, in Kaufhallen und Gaststätten sowie in den Ställen der LPGen. Die Abiturientinnen saßen wenige Wochen nach dem letzten Schultag bereits in den Hörsälen der Hochschulen und Universitäten.

Nach unserem 18. Geburtstag war endlich ohne Beschränkung erlaubt, was wir schon immer tun wollten. Zigaretten und Alkohol kaufen. Die richtige Fahrerlaubnis machen, um Motorrad und/oder auch das Auto der Eltern zu fahren. Wir konnten zur Wahl gehen, doch das machte uns kaum an. An den Kinokassen konnten wir bei P-18-Filmen wie beiläufig unseren Ausweis vorzeigen. Mit anderen Beschränkungen im Alltag der DDR mussten wir weiterleben. Wir spürten deutlicher und zunehmend ärgerlicher die Widersprüche in unserem Land. Zwischen Anspruch und Ideal und der oftmals

Mit 18 Jahren bestellt, schon zehn Jahre später sollte die Auslieferung sein – der Trabant.

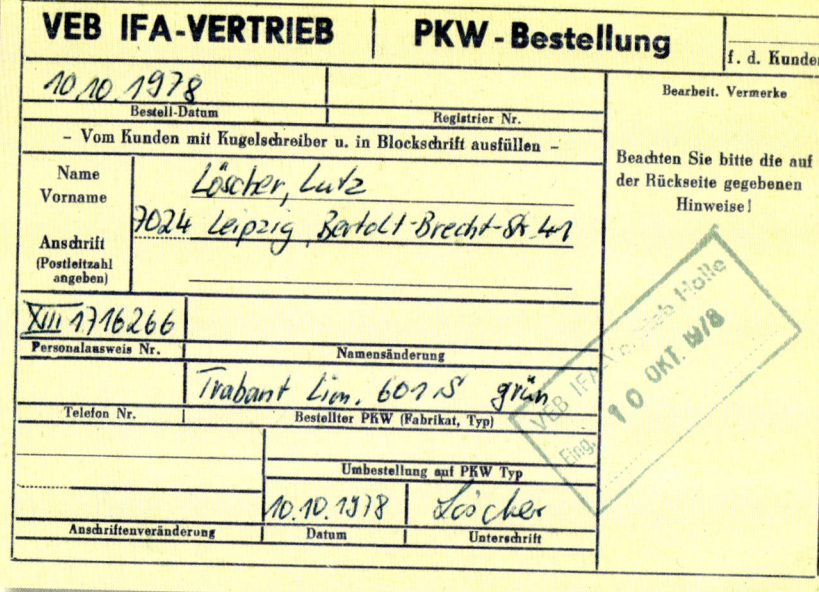

Silvester 1978. Was bringt uns das Leben?

unzulänglichen Realität lagen Welten. Wir spürten, damit würden wir uns künftig mehr und mehr auseinanderzusetzen haben.

1978 endete mit einem meteorologischen Paukenschlag. Am 31. Dezember brach über weite Teile Deutschlands eine Kältewelle herein. Innerhalb weniger Stunden fiel die Temperatur am Silvesterabend um 25 bis 30 Grad, aus frühlingshaften 15 Grad wurden vielerorts klirrende 15 Grad unter Null.

Und 1978 kam in der DDR der DEFA-Film „Eine Handvoll Hoffnung" in die Kinos. Für uns ein programmatischer Titel. Wir vom Jahrgang 1960 gingen, ja stürmten von nun an mit vielen Idealen, Wünschen und Sehnsüchten in das Leben der Erwachsenen.

Für alle ab 18

Unsere Jahrgangsbände gibt es
für alle Jahrgänge ab 1921 bis zum aktuellen
18. Geburtstag, auch als DDR-Ausgabe.

Sie suchen ein Buch ...

… über Ihren Jahrgang?

… über Kindheitserinnerungen?

… über Ihre Stadt oder Region?

… mit regionalen Rezepten?

Wartberg-Verlag GmbH

Im Wiesental 1
34281 Gudensberg-Gleichen
Telefon: (0 56 03) 93 05 - 0
Telefax: (0 56 03) 93 05 - 28
E-Mail: info@wartberg-verlag.de
www.wartberg-verlag.de

**Sie finden es unter
www.wartberg-verlag.de**